Comentários à Lei n.º 13.015/2014

Em destaque:

– Uniformização da jurisprudência

– Recursos repetitivos

1ª edição – 2014
2ª edição – 2015
3ª edição – 2015

Manoel Antonio Teixeira Filho

Comentários à Lei n.º 13.015/2014

Em destaque:

– Uniformização da jurisprudência
– Recursos repetitivos

3.ª EDIÇÃO
Revista e Ampliada

Contendo comentários ao Ato n.º 491, de 23-09-2014, da Presidência do TST (e sua republicação), que regulamentou a Lei n.º 13.015/2014

LTr®

EDITORA LTDA.

Rua Jaguaribe, 571
CEP 01224-001
São Paulo, SP – Brasil
Fone (11) 2167-1101
www.ltr.com.br

LTr 5318.4
Junho, 2015

Versão impressa: LTr 5318.4 — ISBN: 978-85-361-8423-4
Versão digital: LTr 8715.9 — ISBN: 978-85-361-8435-7

Dados Internacionais de Catalogação na Publicação (CIP)
(Câmara Brasileira do Livro, SP, Brasil)

Teixeira Filho, Manoel Antonio

Comentários à Lei n.º 13.015/2014 : uniformização da jurisprudência : recursos repetitivos / Manoel Antonio Teixeira Filho. – 3. ed. rev. e ampl. contendo comentários ao Ato n.º 491, de 23.09.2014, da Presidência do TST (e sua republicação), que regulamentou a Lei n.º 13.015/2014 – São Paulo : LTr, 2015.

Bibliografia.

1. Jurisprudência 2. Jurisprudência – Brasil 3. Lei n.º 13.015, de 2014 – Comentários 4. Recursos (Direito) – Jurisprudência – Brasil I. Título.

15-03778 CDU-340.142(81)

Índice para catálogo sistemático:
1. Brasil : Jurisprudência : Uniformização : Direito 340.142(81)

Ao Dr. Armando Casimiro Costa,
in memorian

"As primeiras opiniões sobre qualquer assunto novo são sempre as mais sujeitas a riscos".

Don Elmano

Sumário

Preâmbulo à 3.ª Edição

Nesta 3.ª edição foram inseridos fluxogramas dos incidentes de uniformização de jurisprudência e do julgamento de recursos de revista repetitivos, a fim de demonstrar, de maneira didática, o procedimento desses incidentes.

Manoel Antonio Teixeira Filho

Preâmbulo à 2.ª Edição

Na primeira edição deste livro, manifestamos a opinião de que a Lei n.º 13.015/2014 deveria ser regulamentada – o mais breve possível — por ato do Tribunal Superior do Trabalho, para que as suas disposições pudessem revestir-se de executoriedade, nomeadamente quanto aos incidentes de uniformização de jurisprudência e de recursos repetitivos.

Essa regulamentação sobreveio pelo Ato n.º 491/SEGJUD.GP, de 23 de setembro de 2014, da Presidência do TST (posteriormente republicado), que também mereceu, neste livro, comentários de nossa parte. Para conhecimento do leitor, transcrevemos o teor do Ato no final da obra.

A regulamentação da Lei n.º 13.015/2014, operada pelo sobredito Ato da Presidência do TST, foi, de modo geral, satisfatória, conquanto algumas disposições da norma legal lhe tenham ficado à margem. É razoável supor que essas lacunas tenham sido, propositadamente, deixadas para serem preenchidas pela vivência jurisprudencial.

Um dos momentos mais elogiáveis do Ato n.º 491/2014 (e sua republicação) revelou-se na regulamentação do enigmático § 11, inciso II, do art. 896-C, da CLT, que estava a desafiar a acuidade interpretativa de quantos se pusessem a decifrar a sua expressão literal e a sua teleologia. O precitado § 11 declara que, publicado o acórdão resolutivo do incidente de recursos repetitivos sobre a mesma questão de direito (*quaestio iuris*), os *recursos de revista* sobrestados nos Tribunais Regionais "*serão novamente examinados pelo Tribunal de origem na hipótese de o acórdão recorrido divergir da orientação do Tribunal Superior do Trabalho a respeito da matéria*" (inciso II). Já na primeira edição do livro procuramos decifrar esse enigma legal ("*Decifra-me ou devoro-te*", era a ameaça da Esfinge), afirmando que a única interpretação razoável seria de que a expressão "*serão novamente examinados*" estava a significar: a) que não se tratava de novo *exame* e sim, de novo *julgamento*; e b) que esse julgamento seria não dos *recursos de revista* sobrestados, mas *dos recursos da competência dos Tribunais Regionais do Trabalho*, como o ordinário, o agravo de petição, entre outros, que consubstanciassem matéria (questão de direito) idêntica à contida nos recursos de revista selecionados ("afetados") como representativos da controvérsia.

Em harmonia com essa linha de interpretação, fez-se constar do art. 21, do Ato n.º 491, da Presidência do TST: "*Publicado o acórdão paradigma: I – (...); II – o órgão que proferiu o acórdão recorrido, na origem, reexaminará a causa de competência originária* ***ou o recurso anteriormente julgado****, na hipótese de o acórdão recorrido contrariar a orientação do Tribunal Superior*" (destacamos). Na verdade, o Ato constitui uma reprodução literal do inciso II do art. 1.053, do Projeto do futuro CPC – particularidade, todavia, que não lhe retira o mérito.

O Ato n.º 491/2014 também coincide com o entendimento que manifestamos no livro de que a *suspensão* não deveria ficar restrita aos recursos de revista, aos ordinários e aos agravos de petição, mas compreender, também, as causas que se incluem na competência originária do Tribunal Regional, como as ações rescisórias, os mandados de segurança contra ato judicial, as ações cautelares inominadas etc., desde que versassem sobre matéria idêntica à dos recursos de revista selecionados como paradigmáticos da controvérsia sobre a *quaestio iuris*.

O escopo deste livro não consiste na realização de um estudo aprofundado – indispensável em outras circunstâncias – dos recursos aos quais a Lei n.º 13.015/2014 se dedica, e sim, de um exame pragmático das disposições dessa norma legal com vistas à sua incidência na ordem prática.

De resto, prosseguimos a escrever segundo as regras do Novo Acordo Ortográfico, promulgado pelo Decreto n.º 6.583, de 29 de setembro de 2008, a despeito de a sua vigência – que deveria ter se iniciado em 1.º de janeiro de 2013 – haver sido prorrogada para o mesmo dia e mês de 2016 pelo Decreto n.º 7.875, de 27 de dezembro de 2012. Assim, no momento atual, tudo parece ser correto e tudo parece ser errado nesse absurdo caos ortográfico, que tanta insegurança vem instilando na mente e no espírito dos utentes da Língua.

À Guisa de Preâmbulo – 1.ª Edição

Lanço, neste despretensioso livro, minhas primeiras impressões sobre a recente Lei n.º 13.015/2014, com seu conteúdo poliédrico e, em certa medida, inovador, conquanto não seja revolucionário.

As suas disposições alusivas aos incidentes de uniformização de jurisprudência e de recursos repetitivos mereceram, de nossa parte, maior atenção. São esses dois temas que, por suposto, se revelam mais desafiadores das inteligências doutrinária e jurisprudencial.

Por essa e outras razões, entendemos que a precitada norma legal deverá ser, o quanto possível, regulamentada por ato do Tribunal Superior do Trabalho, a despeito de o seu texto – ao contrário do que fez o art. 543-C, § 9.º, do CPC – não prever essa regulamentação. Mera inadvertência legislativa.

A LEI N.º 13.015/2014

A Lei n.º 13.015/2014, dispondo sobre o *"processamento de recursos no* âmbito *da Justiça do Trabalho"*, foi publicada no DOU, edição de 22 de julho de 2014, com vacância de sessenta dias.

Em decorrência dessa norma legal, foram alterados os arts. 894, 896, 897-A e 899, da CLT, o que significa dizer, as matérias pertinentes:

a) ao recurso de embargos de divergência no TST;

b) ao recurso de revista (com destaque para o incidente de uniformização de jurisprudência);

c) aos embargos de declaração;

d) ao agravo de instrumento.

Além disso, a Lei instituiu:

e) o incidente de recursos de revista repetitivos (CLT, arts. 896-B e 896-C).

Passemos a examinar, de maneira objetiva, esses preceptivos legais.

RECURSO DE EMBARGOS

Art. 894

Dispõe, a norma, caber recurso de embargos para a SBDI-I, do TST:

"II – das decisões das Turmas que divergirem entre si ou das decisões proferidas pela Seção de Dissídios Individuais, ou contrárias a súmula ou orientação jurisprudencial do Tribunal Superior do Trabalho ou súmula vinculante do Supremo Tribunal Federal."

COMENTÁRIO

O conceito processual do vocábulo *embargos* (do baixo latim *imbarricare*: impedimento, obstáculo, embaraço) é multifário, polissêmico. Tanto pode significar recurso quanto ação ou defesa. Observa José Frederico Marques que na terminologia jurídica do direito brasileiro poucas palavras existem que possuam uma designação tão variada e copiosa quanto essa. Para o notável jurista, o vocábulo *embargos* "*é de proteiforme sentido no Direito processual*", lembrando que em vários institutos encontra-se esse *nomen juris* para designar atos processuais e remédios jurídicos que surgem no curso do procedimento (*Instituições de Direito Processual Civil*, 3.ª ed., Rio de Janeiro: Forense, p. 192). Essa multiplicidade de significações do vocábulo *embargo* faz com que ele, segundo Pontes de Miranda, não raro se torne equívoco.

Bluteau conceitua essa figura como o impedimento que se põe à execução de alguma sentença (*apud* José Frederico Marques, obra cit., p. 192). Viterbo, em seu *Elucidário*, aludindo à palavra *embargamento*, utilizada no Prazo das Salzedas, em 1277, toma-a como "*impedimento, dúvida, oposição e embaraço*" (*apud* Cândido de Oliveira, prefácio à *Teoria e prática dos embargos*, de Cândido de Oliveira Filho). Nessa mesma ordem de raciocínio, De Plácido e Silva os define como "*todo e qualquer impedimento, obstáculo ou embaraço posto em prática por uma pessoa, a fim de que evite que outrem possa agir ou fazer alguma coisa, que não é do seu interesse ou que lhe contraria o direito*" (*Vocabulário Jurídico*, Rio de Janeiro: Forense, 1967, vol. III, p. 581).

Para Cândido de Oliveira Filho, por outro lado, a palavra *embargo*, quando empregada no singular, é sinônima de *arresto* (obra cit., p. 5). No mesmo sentido, o pensamento de Pontes de Miranda (*História e prática do arresto ou embargo*) e de Ovídio A. Baptista da Silva (*Doutrina e prática do arresto ou embargo*). Essa concepção da figura em exame, entretanto, não é encontrada apenas na doutrina; chegou a consagrá-la até mesmo, em certo período, o direito positivo. Tanto isso é certo que, *v. g.*, o famoso Regulamento Imperial n.º 737, de 25 de novembro de 1850, em seu art. 321 fazia referência a *embargo* ou *arresto*.

Após submeter-se a inúmeras transformações semânticas, ao longo dos tempos, o vocábulo *embargos* acabou por definir-se em duplo sentido; com efeito, no direito moderno tanto pode significar *recurso* (embargos de declaração, embargos infringentes, embargos de divergência) quanto *ação* (embargos do devedor, embargos de terceiro, embargos à arrematação). De qualquer modo, ele traz em si, inerente, a ideia de obstáculo, de impedimento, de estorvo, de insurgência ou de qualquer oposição, enfim, que uma das partes – ou mesmo um terceiro – manifesta em relação ao direito ou pretensões da outra, ou a um ato judicial que lhe foi desfavorável.

Os *embargos* de que trata o art. 894, da CLT, podem ser rotulados de *recurso interno*, pois nascem e se exaurem no âmbito do TST, e têm como finalidade a uniformização da jurisprudência oriunda das Turmas do referido Tribunal. São embargos de *divergência*. A tarefa unificadora, de que são imbuídos, é realizada pela Seção de Dissídios Individuais (SBDI-I). Diferem-se dos *embargos infringentes*, pois estes são cabíveis "*das decisões não unânimes proferidas pela Seção Especializada em*

Dissídios Coletivos, no prazo de oito dias, contados da publicação do acórdão no órgão *oficial, nos processos de Dissídios Coletivos de competência originária do Tribunal*", conforme dispõe o art. 232, *caput*, do Regimento Interno do TST, que reproduziu, *mutatis mutandis*, a letra "c" do inciso II do art. 2.º da Lei n.º 7.701, de 21-12-1988. Em suma, os embargos de *divergência* são da competência da SBDI-I; os *infringentes,* da SDC, ambas do TST.

O inciso I do art. 894 da CLT não foi modificado pela Lei n.º 13.015/2014. Esse dispositivo prevê a interposição dos embargos de decisão não unânime que conciliar, julgar ou homologar transação em dissídios coletivos que ultrapassarem a competência territorial dos Tribunais Regionais do Trabalho, ou que rever acórdão normativo do TST, nos casos mencionados em lei.

As alterações ficaram restritas ao inciso II do art. 894 e consistiram: a) na *exclusão* da contrariedade a súmula (simples) ou a orientação jurisprudencial do STF como causa para a interposição dos embargos; b) na *inclusão* da possibilidade de os embargos serem interpostos das decisões das Turmas que divergirem de *súmula vinculante do STF*, prevista no art. 103-A, da Constituição Federal, regulamentado pela Lei n.º 11.417, de 19 de dezembro de 2006. A propósito, o adjetivo *vinculante* não está dicionarizado; o que há é *vinculativo* e *vinculatório*. Todavia, a Língua, como a Lei, é um organismo vivo, que não pode ser fossilizado.

Poder-se-ia imaginar que a alteração legal a que aludimos teria sido desnecessária, em virtude de o efeito vinculativo ser inerente a tais súmulas da Suprema Corte. Ocorre que a inserção da súmula vinculativa, do STF, no elenco das situações que ensejam a interposição dos embargos previstos no art. 894, da CLT, teve finalidade *didática* – aliás, a mesma finalidade que justifica, por exemplo, a referência à violação à *lei* (federal) ou à *Constituição da República* como causa para a interposição de recurso de revista (CLT, art. 896, "c": decisões proferidas em dissídios individuais, pelos TRTs, "*com violação literal de disposição de lei federal ou afronta direta e literal* à *Constituição Federal*").

A alteração imposta ao inciso II do art. 894, da CLT, pela Lei n.º 13.015/2014 em nada alterou a essência ou o procedimento dos embargos, apenas, teve o escopo de ajustar o precitado dispositivo da CLT ao art. 103-A, da Constituição Federal.

Atualmente, portanto, o recurso de embargos é cabível das decisões das Turmas do TST que:

a) divergirem entre si;

b) divergirem das decisões da Seção de Dissídios Individuais;

c) contrariarem súmula ou orientação jurisprudencial do TST;

d) contrariarem súmula vinculante do STF.

Os embargos, no caso mencionado:

1) na letra "a", se destinam a uniformizar a jurisprudência oriunda das Turmas do TST. Não são cabíveis embargos, por isso, de acórdãos da mesma

Turma, conforme esclarece a OJ n.º 95, da SBDI-I, do TST: *"EMBARGOS PARA SDI. DIVERGÊNCIA ORIUNDA DA MESMA TURMA DO TST. INSERVÍVEL (inserida em 30.05.1997). ERR 125320/94, SDI-Plena. Em 19.05.97, a SDI-Plena, por maioria, decidiu que acórdãos oriundos da mesma Turma, embora divergentes, não fundamentam divergência jurisprudencial de que trata a alínea 'b', do artigo 894 da Consolidação das Leis do Trabalho para embargos à Seção Especializada em Dissídios Individuais, Subseção I";*

2) na alínea "b", visam, por assim dizer, a preservar a função uniformizadora que o sistema legal atribui à Seção Especializada de Dissídios Individuais, pois é oportuno lembrar que compete à Subseção I *"a) julgar os embargos interpostos contra decisões divergentes das Turmas, ou destas que divirjam de decisão da Seção de Dissídios Individuais, de Orientação Jurisprudencial ou de Súmula"*, como dispõe o art. 71, II, "a", do Regimento Interno do TST;

3) na letra "c", têm como finalidade fazer prevalecer a jurisprudência do TST, cristalizada em súmula ou em orientação jurisprudencial. A esse respeito, estabelece a OJ n.º 219, da SBDI-1, do TST: ***"Recurso de Revista ou de Embargos Fundamentado em Orientação Jurisprudencial do TST.*** *É válida, para efeito de conhecimento do recurso de revista ou de embargos, a invocação de Orientação Jurisprudencial do Tribunal Superior do Trabalho, desde que, das razões recursais, conste o seu número ou conteúdo";*

4) na letra "d", são devotados à preservação do próprio texto constitucional, cujo art. 103-A declara que a súmula por ele referida, depois de publicada na imprensa oficial, possui *efeito vinculante* para os demais órgãos do Poder Judiciário e da administração pública direta e indireta, em todos os seus níveis.

A nova redação do inciso II do art. 894, da CLT, *exclui*, entrementes, do campo de incidência do recurso de embargos de divergência as decisões das Turmas do TST contrárias a súmula (simples) ou orientação jurisprudencial do STF; por outro lado, *inclui* as súmulas vinculantes do STF. Deve ser revista, portanto, a Súmula n.º 401, do STF, assim enunciada:

> "Não se conhece do recurso de revista, nem dos embargos de divergência, do processo trabalhista, quando houver jurisprudência firme do Tribunal Superior do Trabalho no mesmo sentido da decisão impugnada, salvo se houver colisão com a jurisprudência do Supremo Tribunal Federal."

Nos termos da Súmula n.º 353, do TST, não são cabíveis embargos para a Seção de Dissídios Individuais de decisão de Turma proferida *em agravo*, exceto:

a) da decisão que não admite agravo de instrumento ou de agravo pela ausência de pressupostos extrínsecos;

b) da decisão que nega provimento a agravo contra decisão monocrática do Relator, em que se proclamou a ausência de pressupostos extrínsecos de agravo de instrumento;

c) para revisão dos pressupostos extrínsecos de admissibilidade do recurso de revista, cuja ausência haja sido declarada originariamente pela Turma no julgamento do agravo;

d) para impugnar a admissibilidade de agravo de instrumento;

e) para impugnar a imposição de multas previstas no art. 538, parágrafo único, do CPC, ou no art. 557, § 2.º, do mesmo Código;

f) contra decisão de Turma proferida em agravo interposto de decisão monocrática do relator, baseada no art. 557, § 1.º-A, do CPC.

"Parágrafo único. (Revogado)."

COMENTÁRIO

O parágrafo único dispunha sobre a competência residual dos tribunais enquanto não fossem nomeados e empossados os titulares dos novos cargos de juiz, criados pela Lei n.º 5.442, de 24 de maio de 1968.

Esse parágrafo foi revogado pela Lei n.º 11.496, de 22 de junho de 2007.

"§ 2.º A divergência apta a ensejar os embargos deve ser atual, não se considerando tal a ultrapassada por súmula do Tribunal Superior do Trabalho ou do Supremo Tribunal Federal, ou superada por iterativa e notória jurisprudência do Tribunal Superior do Trabalho."

COMENTÁRIO

A norma reproduz, *mutatis mutandis*, o teor do § 4.º do art. 896, da CLT, em sua primitiva redação, assim como o conteúdo ideológico da Súmula n.º 333, do TST, para dirigi-los, de modo específico, aos embargos.

A precitada Súmula n.º 333 está assim enunciada:

"Não ensejam recurso de revista decisões superadas por iterativa, notória e atual jurisprudência do Tribunal Superior do Trabalho."

O § 2.º do art. 894, da CLT, exige, portanto, que a divergência jurisprudencial apta a propiciar a interposição e a admissibilidade do recurso de embargos seja atual. O mesmo preceptivo legal não considera atual a jurisprudência que tenha sido superada por súmula do TST ou do STF ou por iterativa e notória jurisprudência do TST. Seria o caso, também, de não se admitir esse recurso quando fundado em discrepância jurisprudencial ultrapassada por iterativa e notória jurisprudência do STF – ainda que não cristalizada em súmula.

Os requisitos da *atualidade* e da *iteratividade* podem ser demonstrados sem maiores dificuldades de ordem prática; quanto à *notoriedade*, é requisito tendente a provocar alguns empecilhos à sua configuração, a partir do próprio conceito processual de *fato notório*: é o conhecido pelo relator, mas desconhecido pelos demais membros do colegiado judicante? E se for conhecido por todos esses membros, menos pelo relator? Particularmente, entendemos que, *de lege ferenda*, deveria ser eliminado o requisito da notoriedade da jurisprudência superadora da divergência em que se funda o recurso de embargos.

Reproduziremos, a seguir, algumas Súmulas do TST e OJs da SBDI-1, do mesmo Tribunal, por terem pertinência com o texto legal em análise:

Súmulas

296. RECURSO. DIVERGÊNCIA JURISPRUDENCIAL. ESPECIFICIDADE (incorporada a Orientação Jurisprudencial n.º 37 da SBDI-1) – Res. 129/2005, DJ 20, 22 e 25.04.2005

I – A divergência jurisprudencial ensejadora da admissibilidade, do prosseguimento e do conhecimento do recurso há de ser específica, revelando a existência de teses diversas na interpretação de um mesmo dispositivo legal, embora idênticos os fatos que as ensejaram. (ex-Súmula n.º 296 – Res. 6/1989, DJ 19.04.1989).

II – Não ofende o art. 896 da CLT decisão de Turma que, examinando premissas concretas de especificidade da divergência colacionada no apelo revisional, conclui pelo conhecimento ou desconhecimento do recurso (ex-OJ n.º 37 da SBDI-1 – inserida em 01.02.1995).

337. COMPROVAÇÃO DE DIVERGÊNCIA JURISPRUDENCIAL. RECURSOS DE REVISTA E DE EMBARGOS (redação do item IV alterada na sessão do Tribunal Pleno realizada em 14.09.2012) – Res. 185/2012, DEJT divulgado em 25, 26 e 27.09.2012

I – Para comprovação da divergência justificadora do recurso, é necessário que o recorrente:

a) Junte certidão ou cópia autenticada do acórdão paradigma ou cite a fonte oficial ou o repositório autorizado em que foi publicado; e

b) Transcreva, nas razões recursais, as ementas e/ou trechos dos acórdãos trazidos à configuração do dissídio, demonstrando o conflito de teses que justifique o conhecimento do recurso, ainda que os acórdãos já se encontrem nos autos ou venham a ser juntados com o recurso.

II – A concessão de registro de publicação como repositório autorizado de jurisprudência do TST torna válidas todas as suas edições anteriores.

III – A mera indicação da data de publicação, em fonte oficial, de aresto paradigma é inválida para comprovação de divergência jurisprudencial, nos termos do item I, "a", desta súmula, quando a parte pretende demonstrar o conflito de teses mediante a transcrição de trechos que integram a fundamentação do acórdão divergente, uma vez que só se publicam o dispositivo e a ementa dos acórdãos;

IV – É válida para a comprovação da divergência jurisprudencial justificadora do recurso a indicação de aresto extraído de repositório oficial na internet, desde que o recorrente:

a) transcreva o trecho divergente;

b) aponte o sítio de onde foi extraído; e

c) decline o número do processo, o órgão prolator do acórdão e a data da respectiva publicação no Diário Eletrônico da Justiça do Trabalho".

433. EMBARGOS. ADMISSIBILIDADE. PROCESSO EM FASE DE EXECUÇÃO. ACÓRDÃO DE TURMA PUBLICADO NA VIGÊNCIA DA LEI N.º 11.496, DE 26.06.2007. DIVERGÊNCIA DE INTERPRETAÇÃO DE DISPOSITIVO CONSTITUCIONAL. **– Res. 177/2012, DEJT divulgado em 13, 14 e 15.02.2012.** *A admissibilidade do recurso de embargos contra acórdão de Turma em Recurso de Revista em fase de execução, publicado na vigência da Lei n.º 11.496, de 26.06.2007, condiciona-se à demonstração de divergência jurisprudencial entre Turmas ou destas e a Seção Especializada em Dissídios Individuais do Tribunal Superior do Trabalho em relação à interpretação de dispositivo constitucional.*

OJs da SBDI-I:

95. EMBARGOS PARA SDI. DIVERGÊNCIA ORIUNDA DA MESMA TURMA DO TST. INSERVÍVEL **(inserida em 30.05.1997).** *ERR 125320/94,* **SDI-Plena.** *Em 19.05.97, a SDI-Plena, por maioria, decidiu que acórdãos oriundos da mesma Turma, embora divergentes, não fundamentam divergência jurisprudencial de que trata a alínea "b", do artigo 894 da Consolidação das Leis do Trabalho para embargos à Seção Especializada em Dissídios Individuais, Subseção I.*

336. EMBARGOS INTERPOSTOS ANTERIORMENTE À VIGÊNCIA DA LEI N.º 11.496/2007. RECURSO NÃO CONHECIDO COM BASE EM ORIENTAÇÃO JURISPRUDENCIAL. DESNECESSÁRIO O EXAME DAS VIOLAÇÕES DE LEI E DA CONSTITUIÇÃO FEDERAL ALEGADAS NA REVISTA. **(Redação alterada pelo Tribunal Pleno na sessão realizada em 6.2.2012) – Res.178/2012, DEJT divulgado em 13, 14 e 15.02.2012.** *Estando a decisão recorrida em conformidade com orientação jurisprudencial, desnecessário o exame das divergências e das violações de lei e da Constituição alegadas em embargos interpostos antes da vigência da Lei n.º 11.496/2007, salvo nas hipóteses em que a orientação jurisprudencial não fizer qualquer citação do dispositivo constitucional.*

378. EMBARGOS. INTERPOSIÇÃO CONTRA DECISÃO MONOCRÁTICA. NÃO CABIMENTO. **(DEJT divulgado em 19, 20 e 22.04.2010).** *Não encontra amparo no art. 894 da CLT, quer na redação anterior quer na redação posterior à Lei n.º 11.496, de 22.06.2007, recurso de embargos interposto à decisão mono-*

crática exarada nos moldes dos arts. 557 do CPC e 896, § 5.º, da CLT, pois o comando legal restringe seu cabimento à pretensão de reforma de decisão colegiada proferida por Turma do Tribunal Superior do Trabalho.

458. EMBARGOS. PROCEDIMENTO SUMARÍSSIMO. CONHECIMENTO. RECURSO INTERPOSTO APÓS VIGÊNCIA DA LEI N.º 11.496, DE 22.06.2007, QUE CONFERIU NOVA REDAÇÃO AO ART. 894, DA CLT. (conversão da Orientação Jurisprudencial n.º 405 da SBDI-1 com nova redação) – Res. 194/2014, DEJT divulgado em 21, 22 e 23.05.2014. *Em causas sujeitas ao procedimento sumaríssimo, em que pese a limitação imposta no art. 896, § 6.º, da CLT à interposição de recurso de revista, admitem-se os embargos interpostos na vigência da Lei n.º 11.496, de 22.06.2007, que conferiu nova redação ao art. 894 da CLT, quando demonstrada a divergência jurisprudencial entre Turmas do TST, fundada em interpretações diversas acerca da aplicação de mesmo dispositivo constitucional ou de matéria sumulada.*

"**§ 3.º O Ministro Relator denegará seguimento aos embargos:**

I – se a decisão recorrida estiver em consonância com súmula da jurisprudência do Tribunal Superior do Trabalho ou do Supremo Tribunal Federal, ou com iterativa, notória e atual jurisprudência do Tribunal Superior do Trabalho, cumprindo-lhe indicá-la;

II – nas hipóteses de intempestividade, deserção, irregularidade de representação ou de ausência de qualquer outro pressuposto extrínseco de admissibilidade."

COMENTÁRIO

Já à partida, uma dúvida toma de assalto o nosso espírito. Dá-se que, nos termos do art. 2.º da Instrução Normativa n.º 35, de 1.º de outubro de 2012, do Órgão Especial do TST, compete ao *Presidente da Turma* exercer o juízo de admissibilidade dos embargos de divergência dirigidos à SBDI-1; todavia, o § 3.º do art. 894, da CLT, com a redação imposta pela Lei n.º 13.015/2014, indica as situações em que o *Ministro Relator* não admitirá os embargos. Enfim, de quem é a competência para o exercício do juízo de admissibilidade, em sede de embargos dirigidos à SBDI-1, do TST?

Pondo de parte essa aporia, devemos lançar duas nótulas sobre a expressão legal *denegará seguimento*: em primeiro lugar, o verbo *denegar* tem caráter impositivo; assim, não entra na faculdade do relator admitir, ou não, os embargos. A ele a norma só concede uma atitude: não o admitir; em segundo, a expressão está a significar que o Ministro Relator somente não admitirá os embargos nas situações descritas nos incisos I e II.

Conquanto o legislador e certos setores da doutrina e da jurisprudência tenham se dado ao gosto de fazer uso das expressões *conhecer do recurso* e *não conhecer do recurso*, sob o rigor lógico deveriam falar em *admitir o recurso* ou *não o admitir*, pois, afinal, o juízo não é de *conhecimento*, e sim, de *admissibilidade*. O verbo *conhecer* significa *tomar ciência de alguma coisa;* logo, *conhecer,* nem mesmo por antonomásia, pode ser considerado sinônimo de *admitir* (aceitar, acolher): o juiz pode *conhecer* (tomar ciência) de um recurso, mas não o *admitir*, vale dizer, negar-lhe tramitação. Ademais, o vocábulo *conhecimento* tem sido reservado, pela tradição, para definir uma das classes processuais: processos de *conhecimento*, de execução, cautelar, mandamental e executivo – de acordo com a própria classificação quinária das ações. Rememoremos que, no universo processual, o vocábulo *cognição* expressa a relação que se estabelece entre o magistrado, como ser cognoscente, e os fatos da causa, como objeto cognoscível.

Inciso I: reproduz, em parte, o § 5.º do art. 896, da CLT, em sua redação primitiva, que versava sobre o recurso de revista. Além disso, inclui no elenco das causas de inadmissibilidade dos embargos o fato de a decisão recorrida estar em consonância com súmula do STF. Súmula simples; não, necessariamente, vinculativa. Também aqui, entendemos que o Ministro Relator deverá não admitir os embargos quando a decisão recorrida estiver em harmonia com iterativa, notória e atual jurisprudência do STF.

Inciso II: o art. 896, § 5.º, da CLT, em sua redação anterior, dispunha que o recurso de revista não seria admitido quando fosse intempestivo, estivesse deserto, faltasse alçada e o recorrente estivesse ilegitimamente representado. O texto sob comentário se refere ao recurso de embargos e prevê a sua inadmissibilidade nos casos de intempestividade, deserção, irregularidade de representação ou de ausência de qualquer outro pressuposto extrínseco. A *alçada* está implícita no pressuposto extrínseco da *recorribilidade do ato.*

De modo geral, os pressupostos de admissibilidade dos recursos compreendem dois grupos:

1.1. Subjetivos (intrínsecos)

a) Legitimação (CPC, 3.º e 499: vencido, terceiro e MP);

b) Interesse (CPC, 3.º e 503: aceitação, mesmo tácita, da decisão);

c) Capacidade (CC, 1.º);

d) Representação (CLT, 791, *caput* x CPC, 36).

1.2. Objetivos (extrínsecos)

a) Recorribilidade do ato (CLT, 893, § 1.º; CPC, 504; CLT, 884, § 3.º; Lei n.º 5.584/70);

b) Regularidade formal do ato (TST, SBDI-I, OJ n.º 120: assinatura);

c) Adequação (CPC/39, 800/810: variabilidade e fungibilidade);

d) Tempestividade (CLT, 894 a 897: 8 dias; 897-A: 5 dias; CPC, 508: 15 dias);

e) Depósito pecuniário (CLT, 899 e §§; TST, Súm. n.º 86);

f) Custas (CLT, 789 e 789-A);

g) Delimitação de matérias e valores (CLT, 897, § 1.º);

h) Prequestionamento (TST, Súm. n.os 297, 298);

i) Falta de impugnação dos fundamentos da decisão (TST, Súm. n.º 422)

j) Sentença em conformidade com Súmula: RO (CPC, 518, § 1.º);

k) Recurso em confronto com Súmula: RO/RR (CPC, 557; CLT, 896, § 5.º);

l) Repercussão geral: RE (CF, 102, § 3.º; CPC, 543-A e 543-B);

m) Recurso mediante *fac-símile*: Lei n.º 9.800/1999; TST, Súm. n.º 387).

n) Recurso por meio eletrônico (Lei n.º 11.419, de 19-12-2006, art. 3.º, parágrafo **único**)

O pressuposto objetivo da *transcendência*, concernente ao recurso de revista, previsto no art. 896-A, da CLT, ainda não foi regulamentado pelo Regimento Interno do Tribunal Superior do Trabalho. Essa regulamentação está prevista na Medida Provisória n.º 2.226, de 4 de setembro de 2001. Não é despropositado imaginar que essa inação do TST tenha como causa uma questão essencialmente *política*, pois a partir do momento em que esse prestigioso Tribunal reduzir – segundo o critério da *transcendência* – a quantidade de recursos a serem julgados, talvez se torne alvo da crítica não apenas dos jurisdicionados, mas da opinião pública em geral – mídia à frente.

O recurso de embargos, em resumo, não deverá ser admitido nos seguintes casos:

a) se a decisão embargada estiver em consonância:

  a.1.) com súmula da jurisprudência do TST ou do STF;

  a.2.) com iterativa, notória e atual jurisprudência do TST (e, segundo entendemos, nas mesmas condições, com jurisprudência do STF);

b) quando intempestivo, deserto, apresentar representação irregular ou ausência de qualquer outro pressuposto extrínseco (ou intrínseco) de admissibilidade.

Dispõe o art. 2.º, do Ato n.º 491/2014, da Presidência do TST:

"Sem prejuízo da competência do Ministro Relator do recurso de embargos prevista no § 3.º do artigo 894 da CLT, o Presidente da Turma, na forma do Regimento Interno do Tribunal Superior do Trabalho, denegar-lhe-á seguimento nas hipóteses ali previstas e quando a divergência apresentada não se revelar atual, nos termos do § 2.º do mesmo dispositivo legal."

"**§ 4.º Da decisão denegatória dos embargos caberá agravo, no prazo de 8 (oito) dias.**" (NR)

COMENTÁRIO

Da decisão do Presidente de Turma, que denegar a admissibilidade a recurso de embargos, caberá de agravo regimental, no prazo de oito dias, para a SBDI-I, do TST (Regime Interno, art. 235, X).

A decisão denegatória deverá ser fundamentada, sob pena de nulidade (CF, art. 93, IX).

Dispõe o art. 236, do Regimento Interno do TST:

> "O agravo regimental será concluso ao prolator do despacho, que poderá reconsiderá-lo ou determinar sua inclusão em pauta visando apreciação do Colegiado competente para o julgamento da ação ou do recurso em que exarado o despacho, salvo o previsto no art. 235, inciso X, que será diretamente distribuído entre os demais integrantes da Subseção I da Seção Especializada em Dissídios Individuais. (Redação dada pela Emenda Regimental n.º 4/2012)."

RECURSO DE REVISTA (PRIMEIRA PARTE)

Um escólio histórico: a primitiva nomenclatura do recurso de revista era recurso *extraordinário*; com esta denominação ele já era identificado no texto do Decreto n.º 6.996, de 12 de outubro de 1940, que regulamentou o Decreto-lei n.º 1.237, de 2 de maio de 1939. A CLT (Dec.-lei n.º 5.452, de 1.º-5-1943) manteve a terminologia *recurso extraordinário,* que somente foi modificada para *de revista* pela Lei n.º 861, de 13 de outubro de 1949.

A doutrina do período sempre manifestou opinião crítica a essa inovação, sob o argumento de que a antiga nomenclatura era mais adequada para indicar a natureza e a finalidade do remédio em exame, cujo caráter extraordinário estava em que o seu objetivo era apenas de impugnar *matéria jurídica*. Se levarmos em conta o fato de que esse recurso *extraordinário* era julgado pela própria Justiça do Trabalho, veremos que a velha denominação não era tão apropriada quanto se supôs.

Houve, como sabemos, um *fato* ponderável que influenciou o legislador de 1949 na alteração do *nomen iuris* do recurso. Como a Justiça do Trabalho havia sido integrada ao Poder Judiciário, e a Constituição da República (de 1946) previa o cabimento de recurso extraordinário para o STF, nos casos em que mencionava, havia a possibilidade de, em um só processo trabalhista, virem a ser interpostos *dois* recursos *extraordinários,* embora de decisões distintas: um para o TST e outro para o STF.

De qualquer forma, a providência não evitou que continuassem a existir – agora com outra denominação comum – dois recursos com nomenclatura idêntica, pois tanto o processo do trabalho quanto o civil continham o recurso *de revista*, embora se distinguissem, profundamente, quanto à finalidade. A revista do processo civil, aliás, era anterior à do processo do trabalho, uma vez que já estava prevista no CPC de 1939 (art. 853), que estava a viger quando surgiu a CLT. Essa duplicidade de recursos de revista no ordenamento processual brasileiro levou, a propósito, Russomano a sugerir, no anteprojeto do Código de Processo do Trabalho de 1963, que o trabalhista passasse a ser designado *recurso de revisão*. Esse anteprojeto, entretanto, foi abandonado, como ocorrera com o de 1952.

Se a sugestão tinha o mérito de eliminar o problema de identidade terminológica para recursos distintos, parece-nos, *data venia*, que incorria em sensível vício tautológico, porquanto a *revisão* é objeto comum a *todos* os recursos. Tanto isso é certo que se costuma aludir aos juízos *ad quem* como *órgãos de revisão* (ou reexame).

Com o advento do CPC de 1973, contudo, a questão ficou solucionada, pois esse Código eliminou o recurso de revista no âmbito daquele processo.

Art. 896:

"a) derem ao mesmo dispositivo de lei federal interpretação diversa da que lhe houver dado outro Tribunal Regional do Trabalho, no seu Pleno ou Turma, ou a Seção de Dissídios Individuais do Tribunal Superior do Trabalho, ou contrariarem súmula de jurisprudência uniforme dessa Corte ou súmula vinculante do Supremo Tribunal Federal;"

COMENTÁRIO

Acrescentou-se, como causa de interponibilidade de recurso de revista, o fato de a decisão proferida por Tribunal Regional do Trabalho, em grau de recurso ordinário, em dissídio individual, haver contrariado súmula *vinculante* do STF. O TST já vinha entendendo que a súmula vinculante, do STF, depois de publicada, passava a integrar, de modo automático, a jurisprudência dos órgãos do Poder Judiciário, razão pela qual deveria ser considerada para efeito de admissibilidade do recurso de revista (3.ª T., RR 70300-28.2009.5.04.0521, Rel. Min. Horácio Raymundo de Senna Pires, *in* DEJT, 2-3-2012).

Entendemos que também viabilizará a interposição de recurso de revista o fato de a decisão contrariar orientação jurisprudencial do TST. Assim dizemos porque o art. 897, da CLT, no inciso II do § 1.º – que examinaremos mais adiante –, inclui no elenco dos ônus da parte: "*indicar, de forma explícita e fundamentada, contrariedade a dispositivo de lei, súmula ou* ***orientação jurisprudencial do Tribunal Superior do Trabalho*** *que conflite com a decisão regional*" (destacamos).

O fato de o legislador haver indicado a discrepância de julgados como uma das causas de interposição da revista revela uma das finalidades desse recurso: a uniformização da jurisprudência trabalhista nacional.

Dispõe, contudo, a OJ n.º 111, da SBDI-I, do TST:

"RECURSO DE REVISTA. DIVERGÊNCIA JURISPRUDENCIAL. ARESTO ORIUNDO DO MESMO TRIBUNAL REGIONAL. LEI N.º 9.756/98. INSER-

VÍVEL AO CONHECIMENTO (nova redação) – DJ 20.04.2005. Não é servível ao conhecimento de recurso de revista aresto oriundo de mesmo Tribunal Regional do Trabalho, salvo se o recurso houver sido interposto anteriormente à vigência da Lei n.º 9.756/98."

A Súmula n.º 296, do mesmo Tribunal, por sua vez, estabelece que:

"I – A divergência jurisprudencial ensejadora da admissibilidade, do prosseguimento e do conhecimento do recurso há de ser específica, revelando a existência de teses diversas na interpretação de um mesmo dispositivo legal, embora idênticos os fatos que as ensejaram (ex-Súmula n.º 296 – Res. 6/1989, DJ 19.04.1989)."

Por outro lado, vem da OJ n.º 219, da SBDI-I, do TST, o esclarecimento de que, para efeito de admissibilidade dos recursos de embargos ou de revista, basta que das correspondentes razões conste o número ou o conteúdo da OJ invocada. Veja-se:

"**RECURSO DE REVISTA OU DE EMBARGOS FUNDAMENTADO EM ORIENTAÇÃO JURISPRUDENCIAL DO TST (inserida em 02.04.2001).** É válida, para efeito de conhecimento do recurso de revista ou de embargos, a invocação de Orientação Jurisprudencial do Tribunal Superior do Trabalho, desde que, das razões recursais, conste o seu número ou conteúdo."

No caso de o acórdão impugnado haver resolvido algum item do pedido por diversos fundamentos, o recurso de revista – assim como o de embargos – deverá abranger todos esses fundamentos, sob pena de não ser admitido. É o que adverte a vetusta Súmula n.º 23, do TST.

A oportunidade sugere que sejam reproduzidas outras Súmulas do TST, respeitantes ao tema em exame:

285. RECURSO DE REVISTA. ADMISSIBILIDADE PARCIAL PELO JUIZ-PRESIDENTE DO TRIBUNAL REGIONAL DO TRABALHO. EFEITO (mantida) – Res. 121/2003, DJ 19, 20 e 21.11.2003. O fato de o juízo primeiro de admissibilidade do recurso de revista entendê-lo cabível apenas quanto a parte das matérias veiculadas não impede a apreciação integral pela Turma do Tribunal Superior do Trabalho, sendo imprópria a interposição de agravo de instrumento.

442. PROCEDIMENTO SUMARÍSSIMO. RECURSO DE REVISTA FUNDAMENTADO EM CONTRARIEDADE A ORIENTAÇÃO JURISPRUDENCIAL. INADMISSIBILIDADE. ART. 896, § 6.º, DA CLT, ACRESCENTADO PELA LEI N.º 9.957, DE 12.01.2000 ***(conversão da Orientação Jurisprudencial n.º 352 da SBDI-1) – Res. 185/2012, DEJT divulgado em 25, 26 e 27.09.2012*** *Nas causas sujeitas ao procedimento sumaríssimo, a admissibilidade de recurso de revista está limitada à demonstração de violação direta a dispositivo da Cons-*

tituição Federal ou contrariedade a Súmula do Tribunal Superior do Trabalho, não se admitindo o recurso por contrariedade a Orientação Jurisprudencial deste Tribunal (Livro II, Título II, Capítulo III, do RITST), ante a ausência de previsão no art. 896, § 6.º, da CLT.

Cumpre, agora, precisarmos o verdadeiro sentido da expressão *interpretação diversa* constante da alínea "*a*" do art. 896 da CLT. Em nosso entender, ela guarda sinonímia com *conflitante*, porquanto, em rigor, podem existir interpretações "diversas" de norma legal sem que haja, necessariamente, divergência ou colisão entre uma e outra. E assim o é porque, como dissemos, o escopo do recurso de revista reside na homogeneização da jurisprudência, cuja medida visa não a estratificar o direito ou a estabelecer estereótipos hermenêuticos, mas, sim, a preservar a inteligência do TST a respeito de matérias controvertidas – com o que se procura, em última análise, atender ao anseio de segurança dos jurisdicionados (quanto à atitude da jurisprudência diante de tais questões controversas) e contribuir para a própria estabilidade das relações sociais intersubjetivas, no campo das relações laborais. Acrescente-se o argumento de que, muitas vezes, a jurisprudência dominante no TST se cristaliza em súmula, passando esta a servir como diretriz segura a todos os que pretendam interpor recurso de revista para a mais alta Corte de Justiça Trabalhista do País. Conforme sustenta a doutrina, o prestígio da lei, o seu alcance e o seu vigor dependem, entre outros fatores, de sua interpretação uniforme e de sua aplicação sem discrepâncias pelos Tribunais. Não é recomendável, por isso, que haja nas Cortes Trabalhistas interpretações antagônicas acerca de matéria idêntica, pois isso infunde grande insegurança nos jurisdicionados, que se sentem confusos e de certo modo desalentados sempre que os Tribunais se manifestam de maneira pendular sobre determinados temas submetidos à sua apreciação.

A bem da verdade, entretanto, essa dissensão jurisprudencial é inevitável, porquanto não se pode exigir dos juízes uma interpretação padronizada, rigorosamente unívoca, a propósito de certos assuntos submetidos à sua cognição, na medida em que essa uniformidade encontra barreiras na própria natureza humana, à qual são próprias as idiossincrasias interpretativas, e, também, no princípio da livre formação do convencimento jurídico dos julgadores (CPC, art. 131). O homem, afinal, não é um computador que se tenha programado para proferir decisões; é, antes, e acima de tudo, um ser *racional*, capaz de formular juízos de valor acerca das coisas do mundo sensível. Nem se esqueça que na aplicação do direito não há uniformidade lógica do raciocínio matemático, mas, sim, a flexibilidade do entendimento razoável do preceito, segundo a opinião de Luís Recaséns Siches ("Filosofía de la interpretación jurídica", 1956, p. 128).

Essas particularidades do ser humano, entretanto, não impedem que diante de uma antinomia de decisões judiciárias se procure estabelecer, por intermédio de órgão hierarquicamente superior, qual a interpretação mais correta, ou adequada, assim entendida não apenas aquela que se harmonize com os preceitos jurídicos incidentes, mas a que melhor consulte aos interesses da coletividade dos jurisdicionados – e, não raro, atenda ao próprio interesse público. De qualquer forma, não podemos deixar de reconhecer que essa contraposição de pronunciamentos judiciais tem o mérito inegável de contribuir para o depuramento das interpretações das normas legais, a par de servir ao aprimoramento dos conceitos dos institutos jurídicos.

Dispõe a Súmula n.º 333 do TST:

"Não ensejam recursos de revista ou de embargos decisões superadas por iterativa, notória e atual jurisprudência do Tribunal Superior do Trabalho."

O teor dessa Súmula está a merecer algumas ponderações.

Como expusemos há instante, da atuação da inteligência interpretativa do juiz quanto à norma legal apta para reger o caso concreto surgem, como resultado natural, as decisões divergentes; não nos esqueçamos de que a aplicação do direito é vida e a vida humana não se deixa racionalizar por inteiro. Há casos em que esses pronunciamentos díspares subsistem ao longo dos anos, provocando, mais do que uma inquietação, uma insegurança generalizada no espírito dos jurisdicionados; em outros casos, todavia, a cinca é efêmera, pois uma das correntes de opinião logo se torna prevalecente, pacificando, a partir daí, a matéria, sob a perspectiva de sua interpretação em face do ordenamento jurídico.

Mais do que qualquer outra – queremos crer – a jurisprudência trabalhista destaca-se por uma imensa sucessão de pronunciamentos (tornando sobremodo tormentoso o cotidiano dos que exercitam as profissões forenses), não raro colidentes entre si, como consectário da própria natureza plástica e dinâmica do direito material do trabalho, e – por que não dizer – de seu magnetismo ideológico. Embora o fato seja, até certa medida, justificável, é imprescindível que a contar de certo momento o Judiciário defina a sua posição, o seu entendimento diante da matéria, à luz do qual todos passarão a orientar-se. Ou quase todos.

Constitui, sem dúvida, tarefa difícil determinar-se até que momento essa dissensão pretoriana é útil, e a partir de qual se torna desaconselhável, por ser danosa ao interesse das partes e à própria respeitabilidade do Poder Judiciário. A disseminação da dúvida, da incerteza, como se sabe, tende a provocar uma desestabilização das relações sociais, em que cada indivíduo acaba entendendo que o seu comportamento é o único acertado. E, assim, todos estão certos e todos estão errados, mesmo em assuntos de interpretação de norma legal; daí, a importante tarefa de pacificação, que o TST exercita em dissensões dessa natureza.

Pensamos que o critério perfilhado pela Súmula em questão (assente na tríade: iteratividade, notoriedade e atualidade da jurisprudência da Corte), para repelir a admissibilidade desse recurso, esteja a exigir reparos. Primeiramente, porque ele deixa uma faixa muito ampla de deliberação ao julgador, quanto a *como* e *quando* deva fazer incidir a Súmula, pois não fornece a ele, nem às partes, qualquer elemento *objetivo* para aferir se, em determinado caso, estão presentes os três fatores impeditivos do aproveitamento do(s) aresto(s) paradigma(s), indicado(s) pelo recorrente.

Diante de uma divergência jurisprudencial, constitui atitude incauta, desarrazoada, aceitar, sem maiores reflexões, a decisão mais recente, *apenas* porque o é.

O requisito da atualidade corre o risco, por outro lado, de tornar-se vazio em virtude do fato singular de ter havido somente *um* pronunciamento jurisdicional sobre a matéria, embora reconheçamos ser algo remota essa possibilidade.

Julgamos que até mesmo o pressuposto da *notoriedade* seja imperfeito. Realmente, o que pretende a Súmula n.º 333 expressar com "jurisprudência notória"? A que é conhecida por *todos* os juízes do órgão *ad quem*, ou basta que a conheça apenas o relator? Além do mais, a notoriedade não se confundiria com a iteratividade e com a própria atualidade? Haveria notoriedade da jurisprudência que fosse conhecida pelas partes, mas desconhecida por todos os membros da Corte?

Não nos parece, por essas razões, tenha sido feliz a Súmula ao eleger a notoriedade como fator impediente do recurso de revista, visto que poderia acontecer de a jurisprudência ser *iterativa* e *atual*, mas não *notória*, de modo a não se admitir, só por isso, o recurso.

Entendemos que a orientação contida na Súmula n.º 333 deveria ser *parcialmente* reformulada, para escoimá-la do comprometedor requisito da *notoriedade* da jurisprudência do TST.

O Ato n.º 491/2014, da Presidência do TST, declara, em seu art. 4.º, que:

> "A comprovação da existência da súmula regional ou da tese jurídica prevalecente no Tribunal Regional do Trabalho e não conflitante com súmula ou com orientação jurisprudencial do Tribunal Superior do Trabalho servirá para os efeitos do artigo 896, a, da CLT, desde que regularmente demonstrada sua fonte de publicação."

O art. 5.º do mesmo Ato, por sua vez, estatui:

> "No caso de decisão regional em consonância com súmula ou orientação jurisprudencial do Tribunal Superior do Trabalho, o Relator denegará seguimento ao recurso."

> **"§ 1.º O recurso de revista, dotado de efeito apenas devolutivo, será interposto perante o Presidente do Tribunal Regional do Trabalho, que, por decisão fundamentada, poderá recebê-lo ou denegá-lo."**

COMENTÁRIO

Reproduz, com pequena nuança de literalidade, a norma que constava do mesmo parágrafo, em sua redação anterior.

Há um traço de superfetação no texto leal *sub examen* ao afirmar que o recurso de revista possui efeito somente devolutivo, pois essa declaração já consta do art.

899, *caput*, da CLT. A expressão *efeito devolutivo*, aliás, traduz um desses equívocos que, à força de serem repetidos, acabam assumindo aparência de verdade. Em rigor, o recurso, modernamente, nada "devolve" ao tribunal. Essa *devolutibilidade* só havia ao tempo em que reis e outros governantes concentravam em sua pessoa todos os poderes, inclusive, o de julgar. Com esses reis e governantes soíam delegar as atribuições do poder de julgar a outras pessoas, sempre que a parte não concordasse com o julgamento realizado por esses prepostos recorria ao rei ou ao governante, oportunidade em que, efetivamente, a jurisdição era "devolvida" a estes, para que apreciassem o recurso. Na era moderna, a jurisdição, como poder-dever estatal, não pertence somente aos tribunais, senão que se encontra legalmente distribuída entre os diversos órgãos que integram o Poder Judiciário – inclusive os de primeiro grau.

Como o princípio legal (CLT, art. 899, *caput*) é de que os recursos trabalhistas possuem efeito somente devolutivo, se a parte desejar que o seu recurso seja dotado de efeito *suspensivo* – por forma a obstar a prática de qualquer ato executivo enquanto a decisão impugnada não transitar em julgado – deverá ingressar com ação cautelar inominada e, invocando o poder geral de cautela do magistrado (CPC, art. 798), requerer que este pespegue o mencionado efeito ao recurso, mediante, até mesmo, a concessão de medida liminar *inaudita altera parte*. É o que sugere a Súmula n.º 414, I, parte final, do TST, que chancelou uma prática que estava em plena desenvoltura no plano da realidade forense.

Há, a esse respeito, uma relevante observação a ser formulada. Tradicionalmente – e por um princípio de ordem lógica – sustentamos que somente poderia ser atribuído efeito suspensivo ao recurso que tivesse sido *admitido*; este era, pois, o pressuposto fundamental para a atribuição do referido efeito. Afinal, como se haveria de cometer dito efeito a um recurso que, talvez, não viesse a ser admitido? Em decorrência desse entendimento, dizíamos que a parte, ao ingressar com ação cautelar inominada, com a finalidade de ver atribuído efeito suspensivo ao recurso por ela interposto, deveria instruir a inicial – entre outros documentos – com a comprovação de que o recurso havia sido admitido. Pois bem. Considerando que, por exemplo, no caso de recurso de revista alguns Tribunais Regionais – por seu presidente, vice-presidente ou quem o regimento interno atribuísse a competência – costumam demorar-se, sobremaneira, no exame da admissibilidade do recurso (causando, com isso, preocupações e prejuízos enormes ao recorrente), passamos a sugerir a incidência supletiva e analógica da Súmula n.º 635 do STF, assim enunciada: "*Cabe ao Presidente do Tribunal de origem decidir o pedido de medida cautelar em recurso extraordinário ainda pendente do seu juízo de admissibilidade.*" A súmula citada sempre mereceu encômios de nossa parte, pois visou a não deixar sem amparo jurisdicional a parte que, havendo interposto recurso (extraordinário, no caso), exasperava-se pelo fato de o tribunal emissor do acórdão recorrido delongar-se no exame dos pressupostos de admissibilidade dele. A solução pragmática encontrada pelo STF ao problema consistiu em cometer ao presidente do próprio tribunal de origem (ou, como dissemos, a quem o regimento interno indicar) a competência para apreciar a ação cautelar inominada destinada a obter efeito suspensivo ao recurso. Por esse motivo, pusemo-nos a defender a necessidade de também nos sítios do processo do trabalho adotar-se a orientação jurisprudencial consubstanciada na Súmula n.º 635 do Excelso Pretório, como providência tendente a evitar que o recorrente sofresse prejuízos pela demora na apreciação dos pressupostos de admissibilidade do recurso interposto, fosse este o ordinário, o de revista, o de embargos, etc. Não devemos deixar de mencionar o fato de que o STF, por sua Súmula n.º 634, já havia assentado: "*Não compete ao Supremo Tribunal Federal conceder medida cautelar para dar efeito suspensivo a recurso extraordinário que ainda não foi objeto de juízo de admissibilidade na origem.*" Por isso, adotou, com acerto, a súmula subsequente, n.º 635, sobre a qual acabamos de nos manifestar.

O ato pelo qual o presidente do Tribunal Regional (ou quem fizer, regimentalmente, as suas vezes) admitir ou não admitir o recurso de revista deverá ser juridicamente fundamentado, sob consequência de nulidade (CF, art. 93, IX). O art. 897, alínea "b", da CLT, alude ao *despacho* que não admitir recurso. Desde sempre chamamos a atenção para o fato de que esse ato não traduz despacho, e sim, *decisão*. Tanto se trata de decisão, que é impugnável pelo recurso de agravo. Os despachos de mero expediente não podem ser objeto de recurso (CPC, art. 504).

> "§ **1.º-A. Sob pena de não conhecimento**, é ônus **da parte**:
>
> I – indicar o trecho da decisão recorrida que consubstancia o prequestionamento da controvérsia objeto do recurso de revista;
>
> II – indicar, de forma explícita e fundamentada, contrariedade a dispositivo de lei, súmula ou orientação jurisprudencial do Tribunal Superior do Trabalho que conflite com a decisão regional;
>
> III – expor as razões do pedido de reforma, impugnando todos os fundamentos jurídicos da decisão recorrida, inclusive mediante demonstração analítica de cada dispositivo de lei, da Constituição Federal, de súmula ou orientação jurisprudencial cuja contrariedade aponte."

COMENTÁRIO

O § 1.º-A foi acrescentado para estabelecer, em três incisos, os ônus a que a parte está sujeita ao interpor o recurso de revista, sob pena de este não ser admitido.

Inciso I: impõe a indicação precisa do trecho do acórdão recorrido a que se refere o prequestionamento da controvérsia objeto do recurso. A fim de não submeter os juízos de admissibilidade *a quo* e *ad quem* à sempre penosa tarefa de localizar o trecho da decisão impugnada pelo recurso de revista que configuraria o requisito do prequestionamento, o legislador impôs ao próprio recorrente esse encargo. Nada mais lógico, pois é do interesse do recorrente demonstrar ao tribunal que o tema, objeto do recurso, foi por ele oportuna e adequadamente prequestionado.

Conquanto o vocábulo *prequestionamento* não se encontre dicionarizado, esse neologismo significa, na terminologia processual, o ato de discutir-se, de ventilar-

-se, de questionar-se, de maneira prévia, perante o órgão *a quo*, determinada matéria ou tema, a fim de que o tribunal possa reexaminá-lo, em grau de recurso de natureza *extraordinária* (usada a expressão, aqui, em contraposição ao recurso *ordinário*).

A cláusula do *prequestionamento* surgiu no direito norte-americano, por meio do *Judiciary Act*, de 24 de setembro de 1789. Esse Act, adaptando o *writ of error* do direito inglês às singularidades da organização da Colônia, permitiu *recurso* para a Suprema Corte. No Brasil, a primeira alusão ao prévio questionamento foi feita pelo Decreto n.º 510, de 22 de junho de 1890, do Governo Provisório, cujo art. 59 inspirou-se no mencionado *Judiciary Act*.

A exigência de que a parte interessada ventile a questão, no âmbito do juízo emissor do acórdão a ser impugnado mediante *recurso de natureza extraordinária*, decorre, em tese, da necessidade de o órgão *ad quem* poder, em face disso, subsumir o tema à moldura legal e, em consequência, formular sobre ele um juízo de valor. Como argumentou, certa feita, em voto, o Min. Marco Aurélio de Farias Mello: "*A exigência do prequestionamento não decorre de simples apego a determinada forma. A razão de ser do instituto está na necessidade de proceder-se ao cotejo para, somente então, assentar-se o enquadramento do recurso no permissivo próprio*" (STF, AgRg em Ag. 178.745-7-DF, DJU de 30-5-97, p. 23181). Destacamos.

A Súmula n.º 282, do STF, declara ser inadmissível o *recurso extraordinário* quando não ventilada, na decisão recorrida, a questão federal suscitada. A Súmula n.º 356, do mesmo Tribunal, impõe o oferecimento de embargos declaratórios, com a finalidade de suprir a omissão do órgão *a quo*, sob pena de o *recurso extraordinário* não ser admitido, por falta de tal prequestionar. A Súmula n.º 297, I, do TST, por sua vez, deixa implícito que a necessidade de serem oferecidos embargos de declaração diz respeito ao acórdão a ser objeto de *recurso* (pois alude à "decisão impugnada") com o escopo de suprir o ponto omisso.

A exigência desse prévio questionar, na esfera dos recursos de índole extraordinária, se justifica, como se disse, em virtude da cognição restrita que caracteriza essa espécie de recurso. Assim, para que determinada matéria possa ser apreciada mediante recurso de revista, é necessário que ela tenha sido examinada pela decisão impugnada.

Na esfera do recurso *ordinário*, entretanto, o prequestionamento é desnecessário, em decorrência da ampla devolutibilidade que assinala esse meio de impugnação aos pronunciamentos jurisdicionais. É evidente que essa amplitude devolutiva há que ser interpretada em consonância com a regra inscrita no *caput* do art. 515, do CPC, conforme a qual, "A apelação devolverá ao tribunal o conhecimento da matéria impugnada" (*tantum devolutum quantum appellatum*). Isso significa que, em princípio, o tribunal não pode se manifestar acerca de matéria que não foi objeto do recurso, exceto se se tratar daquelas que o órgão jurisdicional possa conhecer por sua iniciativa, como, *ad exemplum*, a falta de uma das condições da ação. O § 1.º do dispositivo legal mencionado, no entanto, permite a apreciação e o julgamento, pelo tribunal, de todas as questões suscitadas e debatidas no processo, ainda que a sentença não as tenha julgado por inteiro.

Efetuadas essas considerações, devemos reproduzir, agora, algumas Orientações Jurisprudenciais, da SBDI-I, do TST, que versam sobre o prequestionamento:

> *OJ n.º 62: (...) É necessário o prequestionamento como pressuposto de admissibilidade em recurso de natureza extraordinárias, ainda que se trate de incompetência absoluta.*

Ainda que a incompetência absoluta (em razão da matéria, da pessoa, da hierarquia) possa ser declarada *ex officio*, ou alegada, em qualquer tempo e grau de jurisdição (CPC, art. 113, *caput*), para os efeitos do Recurso de Revista é necessário que a decisão recorrida haja se manifestado, de maneira expressa, sobre o tema.

> *OJ n.º 118: Prequestionamento. Tese explícita. Inteligência da Súmula n.º 297. Havendo tese explícita sobre a matéria, na decisão recorrida, desnecessário contenha nela referência expressa do dispositivo legal para ter-se como prequestionado este.*

Quando se fala, no âmbito do recurso de revista, em adoção, pela decisão recorrida, de tese explícita sobre a matéria impugnada, não se está, necessariamente, afirmando que a decisão deva fazer referência ao dispositivo legal em que se funda; basta que, no texto da decisão recorrida, fique claro que ela adotou tese acerca do assunto que se pretende submeter à apreciação do TST, por meio de recurso de revista.

> *OJ n.º 119: Prequestionamento inexigível. Violação nascida na própria decisão recorrida.*
>
> *Súmula n.º 297. Inaplicável. É inexigível o prequestionamento quando a violação indicada houver nascido na própria decisão recorrida. Inaplicável a Súmula n.º 297 do TST.*

A regra é de boa lógica, pois se a ofensa à lei ou à Constituição surge na própria decisão recorrida, não faz sentido cogitar-se de prequestionamento, desde que a decisão tenha adotado tese explícita.

> *OJ n.º 151. Prequestionamento. Decisão regional que adota a sentença. Ausência de prequestionamento. Decisão regional que simplesmente adota os fundamentos da decisão de primeiro grau não preenche a exigência do prequestionamento, tal como prevista na Súmula n.º 297.*

Não são raros os casos em que o acórdão regional, por certo comodismo intelectual, adota como razões de decidir aquelas que constam da decisão impugnada. Em tal situação, entende-se não ter havido prévio questionamento, para efeito de interposição e de admissibilidade de recurso de revista. Essa regra deve ser observada, inclusive, na hipótese de recurso de revista interposto de acórdão emitido em causa jungida ao procedimento sumariíssimo. O fato de o art. 895, inciso IV, parte final, da CLT, declarar que, nesse procedimento, a sentença pode ser "confirmada pelos próprios fundamentos", não exime a parte de oferecer embargos declaratórios, a fim de obter um pronunciamento *próprio* do tribunal sobre a matéria que deseja ver sujeita à apreciação do TST, em grau de recurso de revista. A Súmula n.º 422, do TST, por exemplo, não admite recursos para o TST quando o recorrente não impugnar os fundamentos da decisão recorrida.

OJ n.º 256: Prequestionamento. Configuração. Tese explícita. Súmula n.º 297. Para fins do requisito do prequestionamento de que trata a Súmula n.º 297, há necessidade de que haja, no acórdão, de maneira clara, elementos que levem à conclusão de que o Regional adotou uma tese contrária à lei ou à Súmula.

Essa Orientação complementa a n.º 118, da mesma SBDI. Está implícita na OJ n.º 256 a desnecessidade de a decisão recorrida referir os dispositivos legais em que se baseou: é bastante que revele, de maneira nítida, inequívoca, haver perfilhado tese contrária à lei ou à Súmula.

A Súmula n.º 297, do TST, por sua vez, estabelece:

"I – Diz-se prequestionada a matéria ou questão quando na decisão impugnada haja sido adotada, explicitamente, tese a respeito. II – Incumbe à parte interessada, desde que a matéria haja sido invocada no recurso principal, opor embargos declaratórios objetivando o pronunciamento sobre o tema, sob pena de preclusão. III – Considera-se prequestionada a questão jurídica invocada no recurso principal sobre a qual se omite o Tribunal de pronunciar tese, não obstante opostos embargos de declaração."

Chamamos a atenção ao fato de que a exigência de prequestionamento tem sido a responsável direta pela elevada quantidade de embargos declaratórios, que de algum tempo até esta altura estão a abarrotar os Tribunais do Trabalho. Muitas vezes, ainda que a parte esteja convencida de que a decisão regional adotou tese explícita sobre a matéria que pretende submeter à apreciação do TST, ela se vê compelida, pela Súmula n.º 297, a oferecer embargos de declaração, como providência destinada a evitar que os órgãos *a quo* ou *ad quem* deixem de admitir o recurso de revista, ao argumento de que a tese não estava explícita, e, portanto, deveriam ter sido opostos embargos de declaração para suprir a omissão, e, assim, prequestionar o tema (incisos I e II da Súmula n.º 297). Por outro lado, talvez ao tentar evitar as clássicas alegações de nulidade processual por negativa de prestação jurisdicional, quando o órgão *a quo* não se manifesta sobre os embargos de declaração tempestivamente apresentados, ou diz que nada há a declarar, a Súmula, em seu item III, *reputa atendido o requisito do prequestionamento pelo (simples) fato de os embargos declaratórios haverem sido oferecidos.* A despeito de ser elogiável o escopo da Súmula, nesse particular não podemos deixar de denunciar uma grave incoerência com o discurso tradicional justificador da *necessidade* de o órgão jurisidicional pronunciar-se sobre o conteúdo dos embargos declaratórios. Sempre esteve no centro deste discurso a alegação de que, sem o prequestionamento, o órgão *ad quem* não teria como saber se o *a quo* adotou tese explícita, contrária à lei ou a alguma Súmula do TST, a respeito do tema ventilado no recurso de revista. Ora, bem. Se, nos termos do inciso III da Súmula n.º 297, é bastante que o recorrente haja *oposto* embargos de declaração perante o órgão *a quo*, ainda que este se tenha recusado a julgá-los, como manter-se, neste caso, o argumento de que o prequestionamento é imprescindível para saber-se se o referido órgão adotou tese explícita acerca de determinado tema que constitui objeto do recurso de revista? Salvo melhor juízo, parece-nos que o precitado inciso III da Súmula deita por terra o clássico discurso doutrinário e jurisprudencial acerca da *necessidade* do prequestionamento. Esse inciso, enfim, apresenta-se como um elemento de destruição do próprio sistema em que se insere.

Voltemos a atenção ao § 1.º-A, do art. 896, da CLT.

Não raro, a parte alegava haver prequestionado o tema objeto do recurso de revista, sem indicar, todavia, o trecho do acórdão recorrido que configuraria esse prequestionamento. O novo texto legal exige a indicação específica do trecho, sob consectário de o recurso não ser admitido.

Há, contudo, uma questão a ser enfrentada. Conforme vimos, o item III da Súmula n.º 297 considera prequestionada a matéria mesmo no caso de o órgão jurisdicional emissor da decisão embargada haver-se imitido em pronunciar tese, a despeito de terem sido oferecidos embargos declaratórios. Considerando que o art. 896, da CLT, adverte, no inciso I do § 1.º-A, constituir ônus da parte – sob pena de o seu recurso de revista não ser admitido – apontar o trecho da decisão recorrida que configura o prequestionamento da controvérsia, indaga-se: como o recorrente irá desincumbir-se desse encargo quando os embargos de declaração, por ele oferecidos para prequestionar a matéria, não tiverem o conteúdo apreciado por entender, o órgão jurisdicional, que a decisão embargada não continha nenhuma das eivas apontadas (omissão, obscuridade, contradição)? Por outras palavras: como conciliar o disposto no § 1.º-A, inciso I, do art. 896, da CLT, com a item III da Súmula n.º 297, do TST?

Em princípio, três soluções podem ser apontadas:

a) ao interpor o recurso de revista, a parte deve arguir a nulidade do processo por negativa de prestação jurisdicional, uma vez que lhe seria impossível, por um princípio de lógica, atender à exigência contida no inciso I do § 1.º-A, do art. 896, da CLT.

b) os juízos *a quo* e *ad quem* deveriam considerar *ficticiamente* realizado o prequestionamento, e, em consequência, considerar atendido o requisito do inciso I do § 1.º-A, do art. 896, da CLT.

c) Cancelar o item III da Súmula n.º 297.

A solução menos inadequada – pois nenhuma delas se ajusta como a mão à luva, para nos valermos das palavras de Machado de Assis – é a contida na letra "b", por harmonizar-se com o item III da Súmula n.º 297, do TST, e evitar o inconveniente da arguição de nulidade do processo, sugerida pela solução a que se refere a alínea "a", que, se acatada, implicará considerável perda de tempo e de atividade, tanto jurisdicional quanto privada, com manifesto prejuízo geral. Como bem observava Pontes de Miranda, deve sempre existir, seja por parte do legislador, seja do magistrado, uma preocupação política de salvar o processo das nulidades. O cancelamento do item III, da Súmula n.º 297, também nos remeteria às consequências da opção pela solução mencionada na alínea "a", além de implicar involução na estratégia de mitigação dos rigores do requisito do prequestionamento. Valha, pois, conforme afirmamos, a solução estampada na letra "b", menos danosa às partes, embora algo deveras incômoda para a doutrina que sempre sustentou a opinião de que, sem a apreciação do conteúdo dos embargos declaratórios, ou seja, sem o efetivo prequestionamento, o TST não teria condições de proceder ao julgamento do recurso de revista. Paciência. *C'est la vie, messieurs, c'est la vie...*

Inciso II: cumpre ao recorrente indicar, de modo expresso e fundamentado, a contrariedade a norma legal, a súmula ou orientação jurisprudencial do TST, que esteja em conflito com a decisão regional. Também aqui, o legislador cometeu, com acerto, esse encargo ao recorrente, pois é do interesse deste a demonstração de que a decisão recorrida contrariou a lei ou a jurisprudência do TST.

Inciso III: constitui, também, encargo processual da parte, a um só tempo:

a) mencionar as razões pelas quais pretende a reforma da decisão recorrida. A indicação das razões pelas quais a parte não concorda com o pronunciamento jurisdicional constitui requisito inerente a todos os recursos. No caso do recurso de revista, essas razões são, exclusivamente, jurídicas, pois tendo esse recurso (assim como os embargos) natureza extraordinária, não pode ser utilizado para revolver fatos e provas (TST, Súmula n.º 126);

b) impugnar todos os fundamentos do acórdão recorrido. Sob este aspecto, é oportuno recordar o teor da Súmula n.º 422, do TST: ***"RECURSO. APELO QUE NÃO ATACA OS FUNDAMENTOS DA DECISÃO RECORRIDA. NÃO CONHECIMENTO. ART. 514, II, do CPC (conversão da Orientação Jurisprudencial n.º 90 da SBDI-2) – Res. 137/2005, DJ 22, 23 e 24.08.2005.*** *Não se conhece de recurso para o TST, pela ausência do requisito de admissibilidade inscrito no art. 514, II, do CPC, quando as razões do recorrente não impugnam os fundamentos da decisão recorrida, nos termos em que fora proposta. (ex-OJ n.º 90 da SBDI-2 – inserida em 27.05.2002)".* Não se admite, pois, que o recorrente se limite a reproduzir os termos da petição inicial ou da defesa, ou do recurso ordinário, conforme seja o caso; dele se exige que impugne os fundamentos da decisão atacada pelo recurso de revista. Por outro lado, o recorrente deverá estar atento à advertência formulada pela vetusta Súmula n.º 23, do TST, assim redigida:

"Não se conhece de recurso de revista ou de embargos, se a decisão recorrida resolver determinado item do pedido por diversos fundamentos e a jurisprudência transcrita não abranger a todos";

c) demonstrar, mediante análise específica, cada dispositivo de lei, da Constituição Federal, de Súmula ou de Orientação Jurisprudencial, que alegue estarem sendo contravindos pelo acórdão recorrido. Já não se aceita, pois, que o recorrente faça simples referência *genérica* à violação à lei, à Constituição, à Súmula ou à Orientação Jurisprudencial; também não é suficiente que apenas indique, ainda que de maneira específica, quais dessas normas ou atos teriam sido violados: é imprescindível que demonstre, mediante argumentos jurídicos e análise individualizada, terem sido contrariadas pela decisão recorrida. Em suma, incumbe ao recorrente demonstrar, com fundamentos jurídicos, mediante o confronto do trecho da decisão com dispositivo legal, convencional, súmula ou OJ, a violação perpetrada pelo primeiro aos demais. A Súmula n.º 221, do TST, contém parte dessas exigências, como se pode perceber: "***RECURSO DE REVISTA. VIOLAÇÃO DE LEI. INDICAÇÃO DE PRECEITO. (cancelado o item II e conferida nova redação na sessão do Tribunal Pleno realizada em 14.09.2012). Res. 185/2012, DEJT divulgado em 25, 26 e 27.09.2012.*** *A admissibilidade do recurso de revista por violação tem como pressuposto a indicação expressa do dispositivo de lei ou da Constituição tido como violado*". A Súmula não menciona a "demonstração analítica" exigida pelo inciso III do § 1.º do art. 896, da CLT.

Conquanto o conjunto dos ônus processuais descritos nos incisos I a III do art. 896, da CLT, pareça ser nutrido de um rigor excessivo, esse rigor é de certo modo justificável no plano dos recursos de natureza *extraordinária* – como é o de revista –, que não se vinculam ao duplo grau de jurisdição. Não se nega, entretanto, que o peso e as consequências da inovação legal deverão ser suportados pelas partes, justamente porque se cuida de ônus que a norma legal lhes impôs.

As alterações introduzidas pela Lei n.º 13.015/2014, particularmente em relação aos recursos de embargos e de revista, põem a nu o fato de a regra inscrita no art. 899, da CLT, segundo a qual "*os recursos serão interpostos por simples petição*", ter o seu campo de incidência cada vez mais restrito.

INCIDENTE DE UNIFORMIZAÇÃO DA JURISPRUDÊNCIA REGIONAL

"**§ 3.º Os Tribunais Regionais do Trabalho procederão, obrigatoriamente,** à **uniformização de sua jurisprudência e aplicarão, nas causas da competência da Justiça do Trabalho, no que couber, o incidente de uniformização de jurisprudência previsto nos termos do Capítulo I do Título IX do Livro I da Lei n.º 5.869, de 11 de janeiro de 1973 (Código de Processo Civil).**"

COMENTÁRIO

A expressão legal

Sob o pressuposto de que o vocábulo *jurisprudência* designaria, exclusivamente, o conjunto das decisões dos tribunais *num mesmo sentido*, alguns estudiosos sentiram-se à vontade para ver na expressão *uniformização da jurisprudência* uma tautologia, um pleonasmo. *Data venia*, o substantivo *jurisdição*, originário do latim *jurisdictio*, de *jus* (Direito) e *prudentia* (sabedoria), expressa *a ciência do Direito vista com sabedoria*. No campo conceitual, a palavra identifica a coleção de decisões de um tribunal ou o conjunto das decisões judiciais sobre um mesmo assunto (De Plácido e Silva, *Vocabulário jurídico*, Forense, 2.ª ed., 1967, vol. III, p. 902) – sem que esse conjunto deva ser, necessariamente, no mesmo sentido. Quando se fala, por exemplo, em *jurisprudência predominante*, se está, de maneira implícita, a revelar que há, também, uma jurisprudência (bloco de decisões) não dominante.

Outros entendem que o substantivo *uniformização* é impróprio, inadequado, uma vez que, na prática, essa uniformização não tem efeito vinculativo. *Venia permissa*, uma coisa é uniformizar, outra, vincular. O fato de as súmulas dos tribunais (excetuadas as do STF, a que se refere o art. 103-A, da Constituição Federal) não terem, deveras, efeito vinculatório dos juízes do próprio tribunal que as editou não pode ser visto como um veto à possibilidade de cogitar-se *de uniformização*, até porque esta, mesmo não estando materializada em súmula, traduz o pensamento predominante (logo, majoritário) na Corte, em determinado período histórico.

O instituto

O CPC de 1939 continha o *recurso de revista*, que era destinado à uniformização da jurisprudência (arts. 853 a 861). Por outro lado, a requerimento de qualquer de seus membros, a Câmara ou a Turma julgadora poderia solicitar o pronunciamento prévio das Câmaras Reunidas acerca da interpretação de determinada norma jurídica, se reconhecesse que sobre ela ocorria, ou poderia ocorrer, divergência de interpretação entre Câmaras ou Turmas (art. 861).

O recurso de revista, presente no CPC de 1939, foi abolido pelo Código atual, que instituiu o incidente de uniformização da jurisprudência.

O incidente é disciplinado pelos arts. 476 a 479, do CPC, e se destina a propiciar segurança jurídica às partes – e, em sentido mais amplo, aos jurisdicionados –, mediante a uniformização e estabilização da jurisprudência no âmbito das Cortes Regionais.

O § 3.º do art. 896, da CLT, dispõe acerca da uniformização da jurisprudência no âmbito dos Tribunais Regionais do Trabalho, tornando-a obrigatória. O mesmo preceptivo legal autoriza a aplicação, em caráter subsidiário, no que couber, dos arts. 476 a 479, do CPC. A uniformização da jurisprudência dos Tribunais Regionais do Trabalho já era obrigatória, como evidenciava a antiga redação do § 3.º do art. 896, da CLT, determinada pela Lei n.º 9.756, de 17-12-1998. A despeito disso, poucos Tribunais Regionais cumpriram a determinação legal – talvez porque o Tribunal Superior o Trabalho não dispusesse de um mecanismo eficaz para conduzir a essa uniformização –, limitando-se a uma uniformização parcial. O texto anterior da lei esclarecia que a súmula decorrente da uniformização da jurisprudência não poderia ensejar a admissibilidade do recurso de revista quando contrariasse súmula da jurisprudência do TST. A Lei n.º 13.015/20014 deslocou essa ressalva para o § 6.º do mesmo artigo.

A Constituição Federal, ao dispor sobre o Tribunal Superior do Trabalho (art. 111-A) e os Tribunais Regionais do Trabalho (art. 115), cuidou, apenas, da composição desses órgãos da Justiça do Trabalho, não se preocupando com a competência de cada um deles. A distribuição da competência interna dos Tribunais foi feita pela lei infraconstitucional (CLT) e pelos regimentos internos dos tribunais. Para esse efeito, os tribunais foram fragmentados em turmas, seções especializadas, grupos de turmas etc. Essa fragmentação teve como finalidade teórica agilizar os julgamentos e, em razão disso, atribuir maior produtividade aos órgãos fragmentários. Se, por um lado, o mencionado fracionamento se justificou por essas razões, por outro lado, deu causa a decisões conflitantes entre os órgãos celulares, como, por exemplo, entre turmas do mesmo tribunal. Essas decisões díspares tornaram-se inevitáveis, em decorrência da idiossincrasia do pensamento humano. Surgiu, então, a necessidade de harmonizar-se a jurisprudência interna dos tribunais, a fim de atender-se a um preceito inerente aos Estados Democráticos de Direito, qual seja o da segurança jurídica. Com vistas a isso, o sistema do processo civil de nosso país instituiu o incidente de uniformização da jurisprudência, atualmente regulado pelos arts. 476 a 479 do CPC. A redação do atual art. 896, § 3.º, da CLT faz remissão integrativa a essas normas do CPC, embora com a ressalva "no que couber".

A finalidade

Como a própria expressão legal está a indicar, a uniformização da jurisprudência se destina a fixar o entendimento predominante no tribunal, sobre determinado assunto, em certa fase de sua existência. Note-se: entendimento *majoritário* e não, forçosamente, *unânime*. A própria súmula, em que poderá culminar o resultado do incidente de uniformização (se tomado pela maioria dos juízes do tribunal: CPC, art. 479, *caput*) nem sempre será produto de votação unânime dos integrantes da Corte.

Mas, há, por assim dizer, uma *finalidade da finalidade*, que consiste na preocupação de atribuir, em tese, um mínimo de *segurança jurídica* aos jurisdicionados. A segurança jurídica, como atributo inalienável dos Estados Democráticos de Direito, encontra a sua consagração no fenômeno da coisa julgada material (CPC, art. 467), que constitui uma das garantias constitucionais deferidas aos indivíduos e às coletividades (CF, art. 5.º, XXXVI). A *res iudicata*, entretanto, não é o único instrumento atributivo de garantia jurídica – conquanto seja o mais importante –, pois esta pode ser dada, também, com menor densidade, pelo que poderíamos denominar de *previsibilidade objetiva das decisões judiciais*. Um dos motivos que, por suposto, mais inquietam os jurisdicionados é a *instabilidade* da jurisprudência dos tribunais, que faz lembrar este trecho da ópera *Rigoletto*, de Giuseppe Verdi: "*La donna è mobile/Qual piuma al vento/muta d'accento e di pensiero*" (*A mulher é volúvel, como pluma ao vento, muda de ênfase e de pensamento*").

Em princípio, pois, com a jurisprudência dos Tribunais Regionais uniformizada, os jurisdicionados podem orientar-se em seus atos da vida particular ou profissional sem os grandes sobressaltos que a ausência dessa uniformização sói acarretar em seus espíritos. Aludimos, em linhas transatas, à previsibilidade *objetiva* dos pronunciamentos jurisdicionais, porque se pode consultar qual seja o pensamento da Corte a respeito de determinado assunto, e, desse modo, antever o resultado do julgamento e suas consequências na esfera jurídica dos litigantes e, eventualmente, de terceiros. Esse conhecimento da jurisprudência dominante no tribunal pode ter, por isso, finalidade também *preventiva* de conflitos.

Façamos, entretanto, uma necessária ponderação. Dissemos, há pouco, que a uniformização da jurisprudência regional atribuiria, *em tese*, alguma segurança jurídica aos jurisdicionados. Dá-se que a súmula oriunda dessa uniformização não possui, do ponto de vista legal, efeito vinculativo nem mesmo dos juízes que tenham, eventualmente, ficado vencidos na votação sobre o incidente. As únicas súmulas dotadas desse efeito são as previstas no art. 103-A, da Constituição Federal, cuja edição é da competência exclusiva do Supremo Tribunal Federal. Assim sendo, os referidos magistrados do Tribunal Regional podem votar, no julgamento dos casos concretos, em sentido contrário à súmula. É bem verdade que os acórdãos, derivantes desse entendimento "rebelde", por não estarem materializados em *súmula*, nem configurarem *tese jurídica prevalecente*, não poderão servir como elemento paradigmático com vistas à admissibilidade de futuro recurso de revista, por divergência jurisprudencial (CLT, art. 896, § 6.º); contudo, a soma desses votos "rebeldes" pode ser determinante do resultado do julgamento dos casos concretos. Divergimos, por isso, do art. 3.º do Ato n.º 491/2014, da Presidência do TST, conforme o qual "*Para os efeitos de aplicação dos §§ 4.º e 5.º do artigo 896 da CLT, persistindo decisão conflitante com a jurisprudência já uniformizada do Tribunal Regional do Trabalho de origem, deverão os autos retornar à instância a quo para sua adequação à súmula regional ou à tese jurídica prevalecente no Tribunal Regional do Trabalho, desde que não conflitante com súmula ou orientação jurisprudencial do Tribunal Superior do Trabalho*".

Por outro lado, é fato inconteste que a jurisprudência uniformizada também pode mudar, por diversas razões, entre as quais está a alteração na composição do tribunal, pois a idiossincrasia do pensamento humano é um truísmo. Pode soar a algo paradoxal, mas, em nome da segurança jurídica, tem-se dito ser preferível julgar-se sempre em um mesmo sentido, ainda que o entendimento não seja o melhor, a julgar-se de maneira pendular, ora acertando, ora errando, como uma nau vagando sem rumo, a infundir *insegurança jurídica* na coletividade dos jurisdicionados.

O princípio constitucional da *legalidade* ou da *reserva legal* significa que ninguém será obrigado a fazer ou a deixar de fazer alguma coisa a não ser por força de lei (CF, art. 5.º, II); entrementes, essa garantia constitucional tende a converter-se, na prática, em mero rasgo de retórica sempre que a lei acaba sendo interpretada de maneira discrepante pelos magistrados. Deste modo, o jurisdicionado, embora saiba o que consta da lei, não sabe qual a *interpretação* que dela farão os magistrados. Sob este aspecto, destaca-se a importância do incidente de uniformização da jurisprudência, porquanto propiciará ao jurisdicionado saber qual o entendimento de determinado tribunal acerca de uma questão de direito, antes de ingressar em juízo, ou mesmo após haver ingressado – renovando-se a ressalva de que a súmula regional não possui efeito vinculativo dos magistrados do próprio tribunal que a adotou.

Como está claro na dicção do art. 476, do CPC, o pronunciamento prévio do tribunal deve ter como objeto a interpretação *do direito* (*quaestio iuris*), pouco importando, para essa finalidade, que se cuide de direito material ou processual, ou que sua origem seja federal, estadual ou municipal. Não é possível suscitar-se o incidente de uniformização de jurisprudência no caso de a discrepância referir-se a questão de fato.

Requisitos

Os requisitos para que o incidente de uniformização de jurisprudência seja instaurado são estes, todos de caráter objetivo:

a) *existência, no Tribunal Regional, de recurso, de causa da competência originária ou de reexame necessário, ainda não julgados.* A uniformização da jurisprudência é apanágio dos tribunais. O incidente, todavia, não pode ser suscitado em tese, a dizer, sem que haja uma causa a tramitar no tribunal (caso concreto). Essa causa pode estar em grau de recurso ou ser da competência originária do tribunal, ou lá estar em decorrência da remessa *ex officio*, para efeito de reexame necessário. O § 3.º do art. 896, da CLT, deixa claro que o incidente de uniformização de jurisprudência será aplicado "*nas causas da competência da Justiça do Trabalho*", e não somente nos recursos. O que não se admite é que o recurso ou a causa já tenham sido julgados, pois o art. 476, *caput*, do CPC afirma que o pronunciamento do tribunal acerca da interpretação de direito deve ser *prévio*, ou seja, ocorrer antes do julgamento do feito. Logo, o incidente não pode ser suscitado em sede de embargos de declaração, pois a causa ou o recurso já foram julgados, em que pese ao fato de a decisão ou o acórdão apresentarem determinadas falhas de percepção (omissão), de dicção (obscuridade) ou de lógica (contradição). Ocasionalmente, o recurso pode estar no TST, mas ser devolvido ao Tribunal Regional, para que proceda à uniformização da jurisprudência local (CLT, art. 896, § 4.º). Note-se que o § 3.º do art. 896, da CLT, não determina que a *tese fixada na resolução do incidente* seja aplicada às causas de competência da Justiça do Trabalho; o que se deverá fazer em relação a tais causas é suscitar o *incidente de uniformização da jurisprudência*;

b) *existência de uma questão controvertida de direito*. O incidente de uniformização não pode ter como objeto *fatos*, ainda que controvertidos. A controvérsia deve referir-se a matéria de direito (*quaestio iuris*), assim entendida aquela cuja solução independe do exame da realidade factual da causa. Além disso, a controvérsia jurídica deve ter pertinência com o recurso ou com a causa;

c) *a resolução da questão controvertida de direito seja necessário ao julgamento do recurso ou da causa*. A solução que se vier a dar ao incidente de uniformização de jurisprudência não só é necessária ao julgamento do recurso ou da causa, como vinculará os juízes que participarem do julgamento destes, excetuados, segundo nosso ponto de vista, os que ficaram vencidos na resolução do incidente. Sem que houvesse vinculação da *quaestio iuris* com o caso concreto não se justificaria a instauração do incidente. A questão jurídica deve ser controversa, pois se não há discrepância *intra muros* sobre ela, também aqui a instauração do incidente se manifesta injustificável. Afinal, não se uniformiza o que uniforme já é.

O procedimento

Vejamos, então, como se processa o incidente de uniformização da jurisprudência, em conformidade com os arts. 476 a 479, do estatuto processual civil.

Incumbe a qualquer magistrado – e não, necessariamente, ao relator – integrante de órgão fracionário do tribunal (Câmara, Turma), ao proferir o seu voto na sessão de julgamento, solicitar que o tribunal se manifeste, previamente, sobre a interpretação do direito quando:

a.1.) verificar que, no tribunal, há decisões discrepantes sobre a mesma questão de direito (*quaestio iuris*);

a.2.) a decisão recorrida houver atribuído interpretação diversa da que lhe deu outra Turma, Câmara ou Grupo de Turmas Reunidas (CPC, art. 476, I e II, respectivamente).

No primeiro caso, a discrepância se dá no âmbito do mesmo tribunal, entre distintos acórdãos, oriundos do pleno ou dos órgãos fracionários; no segundo, ela ocorre entre a decisão recorrida e decisão proferida pelo tribunal, em outro processo. Embora a norma legal se refira a órgãos fracionários do tribunal (Turma, Câmara, Grupo de Turmas Reunidas), o fato (conquanto raro) de a Corte não estar dividida em órgãos fracionários não impede a incidência do disposto no inciso II do art. 476, do CPC.

Não há possibilidade de instauração do incidente no caso de divergência de votação no próprio órgão fracionário. Esse incidente só estará autorizado quando houver dissenção entre *decisões*, digamos, da mesma turma (em casos concretos diversos) ou de turmas diferentes do mesmo tribunal. Desse modo, será inadmissível, por exemplo, que um dos juízes, verificando estar a ocorrer divergência na votação que está sendo realizada pela Turma, em relação a um mesmo processo, suscite o incidente de uniformização da jurisprudência.

Como a lei (CPC, art. 476, *caput*) faz referência ao momento da *emissão do voto*, isso significa que:

a) se ainda não chegou o momento de o magistrado votar, ele não poderá requerer o prévio pronunciamento do tribunal sobre a interpretação do direito. Nada obsta, no entanto, a que, em determinadas situações, o magistrado tenha deferido o pedido de *antecipação* do seu voto (quando, por exemplo, necessitar ausentar-se, prolongadamente, da sessão), oportunidade em que poderá requerer a instauração do incidente;

b) se o presidente do órgão fracionário houver proclamado o resultado do julgamento, o incidente não mais poderá ser suscitado naquele caso concreto (embora possa sê-lo em outro);

c) somente o magistrado *apto* a votar, ou *desimpedido* de fazê-lo, poderá formular o requerimento para que o Tribunal Regional, por seu órgão competente, se pronuncie, previamente, acerca da interpretação do direito. Dissemos: 1) *apto a votar*, porque há situações em que o magistrado não se encontra nessa condição, como, *exempli gratia*, quando não ouviu a leitura do relatório, nem presenciou a sustentação oral; 2) *desimpedido*, porque a lei estabelece as situações que implicam veto à atuação do juiz em determinados casos. Esse veto é relativo no caso de suspeição (CPC, art. 135), e absoluto, no de impedimento (CPC, art. 134).

O procedimento do incidente é o seguinte, em termos gerais:

a) Não apenas o magistrado, mas a própria parte poderá requerer a instauração do procedimento de uniformização de jurisprudência, ao arrazoar o recurso ou mediante petição avulsa, desde que o faça de maneira fundamentada (*ibidem*, parágrafo único). Em que pese ao fato de a norma legal deixar implícito que apenas o *recorrente* possuiria legitimidade para requerer a instauração do incidente (pois faz alusão ao ato *de arrazoar o recurso*), estamos serenamente convencidos de que a parte contrária também se encontra dotada dessa legitimidade, razão pela qual deverá formular o pertinente requerimento na oportunidade das contrarrazões. Afinal, o interesse processual na uniformização da jurisprudência é tanto do recorrente quanto do recorrido. Devemos reconhecer, entretanto, que a parte somente tenderá a fazer uso dessa faculdade se pressentir (ou tiver certeza) que a uniformização ocorrerá em sentido convergente com a tese defendida por ela no caso concreto. Fora disso, o requerimento será temerário.

Com vistas a requerer a instauração do incidente, a parte deverá instruir a petição com o repertório da jurisprudência ou com os acórdãos conflitantes entre si. Esse requerimento deverá ser indeferido quando, por exemplo: a) for feito após a proclamação do resultado do julgamento; b) a parte deixar de demonstrar a divergência, na forma já referida; c) essa divergência for, meramente, imaginária, pois não decorre dos arestos confrontados; d) a matéria contida no acórdão paradigma estiver superada pela jurisprudência do próprio tribunal de que o acórdão se originou. A denominada "jurisprudência velha" não se presta para configurar a dissensão jurisprudencial.

b) O Ministério Público também possui legitimidade para provocar o incidente de uniformização da jurisprudência, nomeadamente nas causas em que houver interesse público. O procedimento a ser adotado pelo *Parquet* deve ser semelhante ao que há pouco indicamos em relação à parte.

c) A competência para verificar, previamente, se se caracteriza, ou não, a divergência de julgados é do órgão fracionário do tribunal (Turma, Câmara, Grupo de Câmaras). Esse incidente, portanto, não pode ser suscitado no Pleno do Tribunal Regional.

d) Suscitado o incidente, o órgão fracionário deverá manifestar-se a respeito da configuração, ou não, da divergência de julgados. A sua competência não vai além disso. Trata-se, pois, como dissemos, de um procedimento prévio, a ser observado pelo mesmo órgão fracionário que estava realizando o julgamento da causa que motivou o incidente.

e) Se a divergência for reconhecida, será lavrado acórdão específico, no qual o relator nada julgará, limitando-se a afirmar estar caracterizada a discrepância jurisprudencial. Efetivamente, o órgão fracionário (Turma, Câmara etc.) que entender configurada a divergência não manifestará a sua posição em face do conteúdo desse conflito, pois a competência, para isso, é do Pleno ou de outro órgão que o Regimento Interno designar. O processo em que foi suscitado o incidente ficará suspenso até que o Pleno ou o órgão especial fixe a tese jurídica a ser observada.

f) Os autos, contendo o acórdão, deverão ser encaminhados ao presidente do tribunal para designar a sessão de "julgamento". Caberá à secretaria distribuir cópia do aresto a todos os juízes que participarão da resolução do incidente (CPC, art. 477), para que fiquem inteirados da matéria. O Regimento Interno do Tribunal – efetuadas as necessárias adaptações – poderá conter disposição semelhante à que se encontra na norma *interna corporis* do STJ: *"O relator, ainda que não integre a Corte Especial, dela participará no julgamento do incidente, excluindo-se o Ministro mais moderno"* (art. 118, § 3.º).

g) Se o tribunal, pelo Pleno ou pelo Órgão Especial: 1) *não reconhecer* a divergência, o incidente estará findo, não cabendo recurso dessa decisão. Ato contínuo, os autos serão restituídos ao órgão fracionário (Turma, Câmara, Grupo de Turmas), para que proceda ao julgamento do recurso como reputar de direito; se, ao contrário: 2) a divergência *for reconhecida*, o tribunal dará a interpretação a ser observada pelo órgão fracionário (Turma, Câmara etc.) quando do julgamento do recurso ou da causa. Se a fixação da tese jurídica derivar da maioria absoluta dos membros do tribunal, será lavrada súmula, que constituirá precedente na uniformização da jurisprudência da Corte (CPC, art. 476, *caput*). A decisão, também aqui, será irrecorrível, embora se possa admitir o oferecimento de embargos declaratórios, desde que presentes os pressupostos legais. Em quaisquer das situações examinadas nos itens 1 e 2, retro, caberá a cada juiz proferir o seu voto de maneira fundamentada (CPC, art. 478).

h) Percebe-se, pois, que talqualmente se passa no plano dos recursos – em que há, em princípio, dois juízos de admissibilidade (*a quo* e *ad quem*) –, no terreno do incidente de uniformização de jurisprudência também ocorre essa dualidade de juízos, no tocante à verificação da existência da *controvérsia* sobre a questão de direito, sendo certo que a manifestação eventualmente positiva, realizada pelo juízo de origem (órgão fracionário), não vincula o juízo ao qual caberá fixar a tese a ser observada (Pleno ou Órgão Especial), que poderá, em razão disso, entender não configurada a controvérsia, encerrando-se aí o incidente.

i) Será sempre ouvido o Ministério Público que funciona perante o Tribunal (*ibidem*, parágrafo único).

j) Repitamos: a resolução do incidente, que deverá ser tomada pelo voto da maioria absoluta dos membros do tribunal, será convertida em *súmula* e constituirá precedente na uniformização da jurisprudência regional (CPC, art. 479, *caput*). A súmula conterá a fixação da tese vencedora a respeito da questão de direito. Se não houver maioria absoluta (mas, apenas, simples), embora não haja necessidade de lavratura do acórdão, mesmo assim, pensamos que essa decisão, traduzindo *tese prevalecente* (CLT, art. 896, § 6.º), vinculará o órgão fracionário (Turma, Câmara, etc.) no julgamento do recurso em que foi suscitado o incidente, à exceção dos magistrados que, anteriormente, tenham ficado vencidos na resolução do incidente.

k) O pronunciamento do Pleno ou do Órgão Especial, na apreciação do incidente de uniformização de jurisprudência, é irrecorrível, seja qual for o resultado, ou seja, a tese fixada. O que se verifica aqui é comparável, *mutatis mutandis*, ao que se dá no julgamento do incidente de inconstitucionalidade, sobre o qual o STF editou a Súmula n.º 513, assim enunciada: "*A decisão que enseja a interposição de recurso ordinário ou extraordinário não é a do Plenário que resolve o incidente de inconstitucionalidade, mas a do* órgão *(Câmaras, Grupos ou Turmas) que completa o julgamento do feito*". Logo, na Justiça do Trabalho o recurso caberá do acórdão que o órgão fracionário (Turma, Câmara etc.) do Tribunal Regional vier a lavrar no *julgamento* (aqui, sim, há julgamento) da causa de sua competência, relativamente à qual o incidente de uniformização foi suscitado.

l) Caberá ao regimento interno do Tribunal dispor sobre a publicação no órgão oficial das súmulas de jurisprudência dominante (*ibidem*, parágrafo único).

m) Em rigor, as súmulas por esse modo adotadas somente vinculam o caso concreto, no qual foi instaurado o incidente. *De lege lata*, insistamos, as únicas súmulas dotadas de eficácia vinculativa geral (*erga omnes*) são as editadas pelo STF (CF, art. 103-A).

Além de autorizar a incidência supletiva dos arts. 476 a 479, do CPC, a Lei n.º 13.015/2014 acrescentou disposições complementares, específicas para o processo do trabalho. Ocupemo-nos em examiná-las.

O Projeto do futuro CPC não prevê a figura formal do incidente de uniformização de jurisprudência, e sim, o "Incidente de Resolução de demandas repetitivas" (arts. 976/987), que pode ser considerado sucedâneo daquele.

"§ 4.º **Ao constatar, de ofício ou mediante provocação de qualquer das partes ou do Ministério Público do Trabalho, a existência de decisões atuais e conflitantes no** âmbito **do mesmo Tribunal Regional do Trabalho sobre o tema objeto de recurso de revista, o Tribunal Superior do Trabalho determinará o retorno dos autos à Corte de origem, a fim de que proceda à uniformização da jurisprudência.**"

COMENTÁRIO

Pode ocorrer de o incidente de uniformização da jurisprudência não haver sido instaurado no Tribunal Regional do Trabalho. Diante disso, o Tribunal Superior do Trabalho, ao verificar – *ex officio* ou a requerimento de qualquer das partes ou do Ministério Público do Trabalho – a existência de decisões atuais e conflitantes no mesmo Tribunal Regional do Trabalho sobre o tema que constitui objeto do recurso de revista, determinará a retorno dos autos ao tribunal de origem, para que proceda à uniformização da jurisprudência local. O retorno dos autos ao Tribunal Regional constitui não uma faculdade que a lei atribui ao TST, mas uma imposição: o legislador utilizou o verbo *determinar*.

Alguns intérpretes da norma legal em exame poderiam indagar por que meios o TST ficaria sabendo da existência de divergência jurisprudencial no âmbito do TRT, tendo como objeto a mesma questão de direito versada no recurso de revista. Essa indagação, *data venia*, seria irrelevante, do ponto de vista pragmático. O que importa é o fato objetivo de o TST ficar ciente dessa dissensão regional. Em todo o caso, é razoável imaginar que o próprio Ministro do TST possa ter conhecimento do fato com base em processos anteriores, oriundos do mesmo TRT e por ele relatados, ou porque foi informado da divergência regional pela parte interessada ou pelo diligente *Parquet*.

Detenhamo-nos, agora, no exame de um aspecto peculiar do tema da uniformização de jurisprudência, originado pela Lei n.º 13.015/2014. Conforme está expresso no art. 476, *caput*, do CPC, o incidente deve ser instaurado *durante* o julgamento do recurso, e não após o *encerramento* deste. Diz o aludido preceito legal: *"Compete a qualquer juiz,* ***ao dar o voto*** *(...) solicitar o pronunciamento* ***prévio*** *do tribunal acerca da interpretação do direito"*. Sucede que o § 4.º do art. 896, da CLT, determina que o TST, verificando a existência de decisões conflitantes no âmbito do mesmo TRT sobre a mesma questão de direito que constitui objeto do recurso de revista, restitua os autos à origem, para que se proceda à uniformização da jurisprudência. É evidente que, nesse caso, o recurso (ordinário, agravo de petição etc.) *já foi julgado* (tanto isso é certo que o pertinente acórdão foi impugnado por meio de recurso de revista). De tal arte, a Lei n.º 13.015/2014 abre, por assim dizer, uma exceção à regra do art. 476, *caput*, do CPC (que essa mesma lei manda aplicar ao processo do trabalho: CLT, art. 896, § 3.º), ao ordenar a instauração do incidente de uniformização de jurisprudência *após* o recurso haver sido julgado pelo TRT.

O Tribunal Regional, recebendo os autos, ficará obrigado a proceder à uniformização da sua jurisprudência, como evidencia a regra inscrita no § 3.º, do art. 896, da CLT.

Assim como o incidente previsto no CPC, o trazido pelo art. 896, § 3.º, da CLT visa a uniformizar a jurisprudência de cada Tribunal Regional do Trabalho, cristalizando-a em súmulas ou em tese jurídica prevalecente, não apenas para atribuir *alguma* segurança jurídica aos jurisdicionados (que não mais ficarão ao sabor das vicissitudes e imprevisibilidades da jurisprudência regional), mas, também, para efeito do exame de admissibilidade de recursos de revista. Assim dizemos, mais uma vez, porque o TST somente admitirá recursos dessa natureza quando houver antagonismo entre *súmulas* de Tribunais Regionais do Trabalho distintos, e o entendimento contido em uma delas discrepar do consagrado pelo TST, ou quando a discrepância à súmula ou à orientação jurisprudencial do TST emanar da *tese jurídica prevalecente* no Tribunal Regional (CLT, art. 896, § 6.º). Para clarificar: resolvido, pelo Tribunal Regional (Pleno, Órgão Especial) o incidente de uniformização da jurisprudência, somente poderão ser indicados como elementos paradigmáticos para o exame da admissibilidade do recurso de revista, no TST, a súmula regional ou a tese jurídica predominante no Tribunal Regional, desde que uma e outra não conflitem com súmula ou orientação jurisprudencial do TST (CLT, art. 896, § 6.º).

O incidente de uniformização da jurisprudência, na verdade, apresenta face dúplice, sendo uma benéfica e outra prejudicial. A benéfica consiste, conforme dissemos, em atribuir certa segurança jurídica aos jurisdicionados, que poderão saber qual o entendimento do Tribunal Regional sobre determinada matéria e, com isso, orientarem-se segundo esse entendimento; a prejudicial se refere ao fato de os autos, que estavam no TST, serem restituídos ao tribunal de origem, a fim de que este proceda à uniformização da sua jurisprudência. Esse retorno dos autos acarretará, sem sombra de dúvida, considerável retardamento no julgamento do recurso de revista, em detrimento aos legítimos interesses de uma ou de ambas as partes. Esse prejuízo advirá mesmo se, contendo a causa, como sói acontecer, inúmeros temas, somente um deles necessitar submeter-se ao procedimento da uniformização jurisprudencial. Os outros temas terão que aguardar a conclusão do incidente de uniformização – fato que poderá consumir muito tempo, contrariando, assim, o que se lançou na Exposição de Motivos do Projeto que se converteu na Lei n.º 13.015/2014: "*propomos, por meio deste Projeto, as alterações supra referidas para, assim, acelerarmos, de certa maneira, a entrega da prestação jurisdicional, resolvendo o mais rápido possível os processos que tramitam no* âmbito *do judiciário brasileiro*".

Pode ocorrer, porém, de, uniformizada a jurisprudencial regional, algum órgão fracionário (Turma, geralmente) do próprio Tribunal Regional decidir em sentido contrário ao que foi uniformizado. Em razão disso, estabelece o art. 3.º do Ato n.º 491/2014 da Presidência do TST:

> "*Para efeito de aplicação dos §§ 4.º e 5.º do artigo 896 da CLT, persistindo decisão conflitante com a jurisprudência já uniformizada do Tribunal Regional do Trabalho de origem, deverão os autos retornar à instância* a quo *para sua adequação à súmula regional ou à tese jurídica prevalecente no Tribunal Regional do Trabalho desde que não conflitante com súmula ou orientação jurisprudencial do Tribunal Superior do Trabalho.*"

Nota-se, por força dessa disposição do Ato n.º 491/2014, combinada com a do § 4.º do art. 896, da CLT, que o TST não apenas poderá impor aos Tribunais Regionais a uniformização da jurisprudência destes, como fiscalizar o respeito desses mesmos Tribunais Regionais à jurisprudência por eles uniformizada.

> **"§ 5.º A providência a que se refere o § 4.º deverá ser determinada pelo Presidente do Tribunal Regional do Trabalho, ao emitir juízo de admissibilidade sobre o recurso de revista, ou pelo Ministro Relator, mediante decisões irrecorríveis."**

COMENTÁRIO

O parágrafo *sub examen* é consequência do anterior, pois estabelece o *momento* em que se deverá verificar "*a existência de decisões atuais e conflitantes no* âmbito *do mesmo Tribunal Regional do Trabalho sobre o tema objeto de recurso de revista*":

a) pelo Presidente do Tribunal Regional do Trabalho, ao emitir juízo de admissibilidade sobre recurso de revista, ou por quem o Regimento Interno delegar essa competência;

b) pelo Ministro relator do processo, antes de proferir o seu voto (CPC, art. 476, *caput*).

Em quaisquer desses casos, a decisão monocrática – que deverá ser fundamentada: CF, art. 93, IX – será irrecorrível.

"§ 6.º Após o julgamento do incidente a que se refere o § 3.º, unicamente a súmula regional ou a tese jurídica prevalecente no Tribunal Regional do Trabalho e não conflitante com súmula ou orientação jurisprudencial do Tribunal Superior do Trabalho servirá como paradigma para viabilizar o conhecimento do recurso de revista, por divergência."

COMENTÁRIO

A norma legal incide em um deslize técnico ao aludir ao *julgamento* do incidente de uniformização de jurisprudência, pois nesse incidente, em rigor, *nada se julga*: o Pleno ou o Órgão Especial apenas fixa a interpretação a ser observada (em relação à matéria controvertida) quando do julgamento do recurso pelo órgão fracionário (Turma, Câmara etc.). Os arts. 477 e 479, do CPC, também aludem ao *julgamento* do incidente. O pronunciamento do Tribunal a respeito do incidente é irrecorrível, embora possa comportar embargos declaratórios, desde que atendidos os pressupostos legais. Julgamento, na verdade, haverá, no caso concreto, pelo órgão fracionário (Turma, Câmara etc.) que suscitou o incidente, oportunidade em que, repisamos, deverá adotar a interpretação fixada pelo Tribunal Pleno ou pelo Órgão Especial que se pronunciou a respeito, ressalvada a posição dos juízes que tenham ficado vencidos na resolução do incidente de uniformização.

Reiteremos: se o recurso de revista for interposto com fundamento em divergência jurisprudencial, somente a *súmula regional* ou a *tese jurídica predominante* no mesmo tribunal servirá como paradigma para efeito de admissibilidade do recurso – exceto se a súmula ou a tese jurídica for contrastante com súmula ou orientação jurisprudencial do Tribunal Superior do Trabalho. Preceito nesse sentido já era localizado, *mutatis mutandis*, no § 3.º do art. 896, da CLT, em sua redação anterior.

Há, nesta altura de nossos comentários, algumas situações a serem consideradas:

a) se houver controvérsia sobre determinada matéria no âmbito do *mesmo* Tribunal Regional, tal divergência não servirá como fundamento para a interposição de *recurso de revista* (CLT, art. 896, alíneas "a" e "b"), conquanto o mencionado tribunal deva (CLT, art. 896, § 3.º) proceder à uniformização da sua jurisprudência. Nem sempre foi assim, pois no passado remoto admitia-se o recurso de revista quando a decisão impugnada divergisse de outra, do mesmo tribunal;

b) se não houver controvérsia no Tribunal Regional, não haverá necessidade de uniformização da sua jurisprudência, caso em que servirá, para efeito de admissibilidade do recurso de revista, a tese jurídica consagrada nesse tribunal;

c) se não existir, nem ao menos, tese predominante, porque se trata de única decisão sobre o tema, também não se há que cogitar de uniformização da jurisprudência. O § 4.º do art. 896, da CLT, faz inequívoca – e óbvia – alusão à existência de *divergência de julgados* como pressuposto para a instauração do incidente de uniformização da jurisprudência;

d) não pode haver o incidente de uniformização da jurisprudência quando a controvérsia estabelecida sobre a questão jurídica se der entre tribunais distintos. O escopo desse incidente é eliminar a divergência *interna* existente em um tribunal.

O parágrafo único do art. 479, do CPC, estabelece que os regimentos internos dos tribunais disporão sobre a publicação no órgão oficial das súmulas de jurisprudência predominante. A Lei n.º 13.015/2014 é omissa, nesse particular. A despeito de ser aplicável ao processo do trabalho a norma do art. 479, parágrafo único, do CPC (CLT, art. 769), o Ato n.º 491/2014, da Presidência do TST, resolveu acrescentar esta disposição: "*Os Tribunais Regionais do Trabalho deverão dar publicidade a suas súmulas e teses jurídicas prevalecentes mediante banco de dados, organizando-se por questão jurídica decidida e divulgando-as, preferencialmente, na rede mundial de computadores*" (art. 6.º). O sobredito Ato, portanto, não exige que as súmulas e as teses jurídicas predominantes nos Tribunais Regionais sejam publicadas em órgão oficial, conquanto, como é óbvio, não haja proibição legal para que a publicação aí ocorra.

A publicação na rede mundial de computadores (*internet*) visa a dar publicidade ampla às súmulas e às teses jurídicas prevalecentes no âmbito dos Tribunais Regionais do Trabalho, fazendo com que, tornando-se conhecidas por um grande número de jurisdicionados, possam propiciar-lhes a desejada segurança jurídica.

O incidente de uniformização da jurisprudência e as decisões monocráticas

Tema, até onde sabemos, pouco explorado pela doutrina diz respeito à possibilidade de o incidente de uniformização da jurisprudência ser suscitado pelo relator, nas causas em que possui competência para julgar, monocraticamente, o recurso.

O art. 557, § 1.º-A, do CPC, atribui competência ao relator para dar provimento ao recurso quando a decisão recorrida estiver em manifesto confronto com súmula ou com jurisprudência dominante do respectivo tribunal, do Supremo Tribunal Federal ou de Tribunal Superior. O relator, aqui, representa o órgão colegiado a que pertence, numa espécie de delegação *ex vi legis* de competência, motivada por uma política de celeridade e de racionalização processuais, conquanto a decisão do relator seja passível de agravo, a ser julgado pelo colégio de juízes a que ele se encontra integrado.

Para logo, deve-se deixar claro que o provimento ao recurso, no caso, constitui não uma imposição do sistema legal ao relator, senão que uma *faculdade* que lhe é cometida, como evidencia o tempo verbal utilizado na redação da norma ("poderá").

Uma pergunta inevitável: se o relator perceber, de um lado, que a decisão recorrida está em antagonismo com súmula ou com jurisprudência majoritária do Supremo Tribunal Federal ou de Tribunal Superior, mas, de outro, contém matéria de direito controvertida no âmbito do próprio tribunal, poderá suscitar o incidente de uniformização da jurisprudência local, ou poderá negar provimento ao recurso?

Cremos que ele poderá agir tanto de um modo como de outro. O fato de a decisão impugnada estar em antagonismo com súmula ou jurisprudência dominante do STF ou de Tribunal Superior não nos parece constituir argumento eficaz para impedir que o relator suscite o incidente de uniformização. A não se entender desse modo, ele poderia, simplesmente, prover o recurso, deixando sem solução o problema da controvérsia envolvendo a questão de direito, existente no próprio tribunal de que participa. É relevante observar, ademais, que para efeito de posterior interposição de *recurso de revista* este somente será admitido se o antagonismo de teses se der entre súmulas oriundas da uniformização da jurisprudência, ou da jurisprudência dominante, estando uma dessas teses, além disso, a conflitar com o entendimento do TST sobre o tema. Para a adoção da súmula, o "julgamento" deve receber o voto da maioria dos membros integrantes do tribunal; sem essa maioria, poderá caracterizar-se a "*tese jurídica prevalecente no Tribunal Regional do Trabalho e não conflitante com súmula ou orientação jurisprudencial do Tribunal Superior do Trabalho*", para servir como paradigma destinado a viabilizar a admissibilidade do recurso de revista, fundado em divergência (CLT, art. 896, § 6.º).

Desse modo, o relator, no caso do art. 557, § 1.º-A, do CPC poderá: a) dar provimento ao recurso; ou b) suscitar o incidente de uniformização da jurisprudência, hipótese em que, mais adiante, ele deverá julgar o recurso em consonância com a tese fixada na apreciação do incidente.

As dificuldades, no entanto, surgem a partir deste ponto.

Se a tese, materializada em súmula (na resolução do incidente) coincidir com a jurisprudência ou com súmula do Tribunal Superior ou do Supremo, e como o relator está vinculado a essa tese, é razoável imaginar que, por mais forte razão, dará provimento ao recurso, pois há harmonia temática em todos esses graus da jurisdição. Em suma, prover o recurso será preservar essa harmonia. Curiosamente, o relator também poderá prover o recurso se a tese conflitar com a jurisprudência dominante ou com súmula do Supremo Tribunal ou de Tribunal Superior, pois, nesse caso, o provimento não derivará da harmonia temática a que nos referimos, mas da presença do pressuposto do art. 557-A, § 1.º, do CPC. O provimento, aqui, visa a assegurar a preeminência do entendimento do Supremo Tribunal ou de Tribunal Superior acerca de questão de direito que foi objeto do incidente de uniformização.

Incidente de uniformização de jurisprudência

Professor Manoel Antonio Teixeira Filho

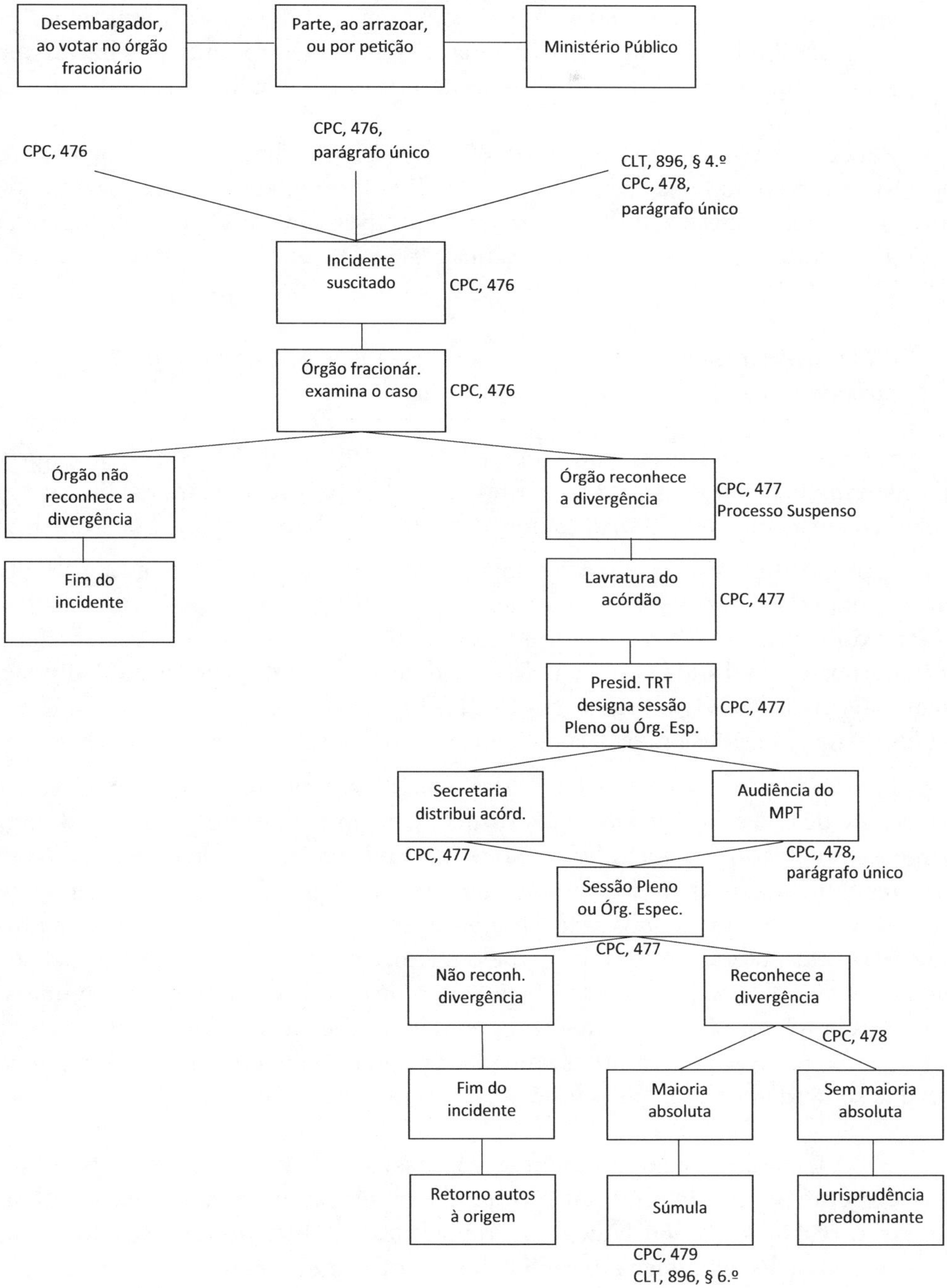

"§ 7.º A divergência apta a ensejar o recurso de revista deve ser atual, não se considerando como tal a ultrapassada por súmula do Tribunal Superior do Trabalho ou do Supremo Tribunal Federal, ou superada por iterativa e notória jurisprudência do Tribunal Superior do Trabalho."

Repete-se a redação do § 4.º do art. 896, da CLT, que dispõe sobre os embargos no TST, acrescentando-se a vedação à possibilidade de interposição do recurso de revista também quando a divergência estiver ultrapassada por súmula ou superada pela jurisprudência do STF. *Mutatis mutandis*, é o que também consta da Súmula n.º 333, do TST:

"Não ensejam recurso de revista decisões superadas por iterativa, notória e atual jurisprudência do Tribunal Superior do Trabalho."

Com os olhos postos no § 6.º do art. 896, da CLT, só podemos concluir que a *divergência*, de que trata o § 7.º do mesmo preceito legal, deve estar cristalizada em *súmula regional* ou em tese jurídica prevalecente no Tribunal Regional do Trabalho.

A propósito, o escopo do § 3.º do art. 896, da CLT – conforme está evidente em sua expressão literal – é a uniformização da jurisprudência dos Tribunais Regionais do Trabalho. Anteriormente a essa norma legal, o recurso de revista poderia ser interposto com fundamento em *decisões* divergentes entre Turmas de Tribunais Regionais distintos. Vigente a Lei n.º 13.015/2014, a divergência deve ser entre *súmulas* ou teses jurídicas prevalecentes no âmbito de Tribunais Regionais diversos.

Por um imperativo de coerência argumentativa, repetimos, agora, em relação ao recurso de revista, o que havíamos afirmado, páginas atrás, no tocante ao de embargos: os requisitos da *atualidade* e da *iteratividade* podem ser demonstrados sem maiores dificuldades de ordem prática; quanto à *notoriedade*, é requisito tendente a provocar alguns empecilhos à sua configuração, a partir do próprio conceito processual de *fato notório*: é o conhecido pelo relator, mas desconhecido pelos demais membros do colegiado judicante? E se for conhecido por todos esses membros, menos pelo relator? Particularmente, entendemos que, *de lege ferenda*, deveria ser eliminado o requisito da notoriedade da jurisprudência superadora da divergência em que se funda o recurso de revista (e, também, o de embargos).

"§ 8.º Quando o recurso fundar-se em dissenso de julgados, incumbe ao recorrente o ônus de produzir prova da divergência jurisprudencial, mediante certidão, cópia ou citação do repositório de jurisprudência, oficial ou credenciado, inclusive em mídia eletrônica, em que houver sido publicada a decisão divergente, ou ainda pela reprodução de julgado disponível na internet, com indicação da respectiva fonte, mencionando, em qualquer caso, as circunstâncias que identifiquem ou assemelhem os casos confrontados."

A norma estabelece os encargos a que a parte deve atender para que o seu recurso de revista, interposto com fulcro em divergência jurisprudencial, possa ser admitido.

Dizendo-se por outro modo: a norma legal *sub examen*:

a) declara ser do recorrente o ônus de demonstrar a divergência jurisprudencial quando o recurso de revista é interposto com esse fundamento;

b) indica os meios pelos quais essa demonstração deve ser realizada; nesse aspecto, incorpora os avanços da tecnologia, ao permitir que a demonstração se dê mediante acesso à mídia eletrônica ou à internet;

c) exige que o recorrente mencione as circunstâncias pelas quais entende haver identidade ou semelhança entre as decisões confrontadas (simetria temática).

Parte desses requisitos consta da Súmula n.º 337, do TST, que reproduzimos na oportunidade dos comentários ao § 2.º do art. 894 da mesma Consolidação, e que, agora, para efeito didático, voltamos a transcrever:

"337. COMPROVAÇÃO DE DIVERGÊNCIA JURISPRUDENCIAL. RECURSOS DE REVISTA E DE EMBARGOS (redação do item IV alterada na sessão do Tribunal Pleno realizada em 14.09.2012) – Res. 185/2012, DEJT divulgado em 25, 26 e 27.09.2012

I – Para comprovação da divergência justificadora do recurso, é necessário que o recorrente:

a) Junte certidão ou cópia autenticada do acórdão paradigma ou cite a fonte oficial ou o repositório autorizado em que foi publicado; e

b) Transcreva, nas razões recursais, as ementas e/ou trechos dos acórdãos trazidos à configuração do dissídio, demonstrando o conflito de teses que justifique o conhecimento do recurso, ainda que os acórdãos já se encontrem nos autos ou venham a ser juntados com o recurso.

II – A concessão de registro de publicação como repositório autorizado de jurisprudência do TST torna válidas todas as suas edições anteriores.

III – A mera indicação da data de publicação, em fonte oficial, de aresto paradigma é inválida para comprovação de divergência jurisprudencial, nos termos do item I, "a", desta súmula, quando a parte pretende demonstrar o conflito de teses mediante a transcrição de trechos que integram a fundamentação do acórdão divergente, uma vez que só se publicam o dispositivo e a ementa dos acórdãos.

IV – É válida para a comprovação da divergência jurisprudencial justificadora do recurso a indicação de aresto extraído de repositório oficial na internet, desde que o recorrente:

a) transcreva o trecho divergente;

b) aponte o sítio de onde foi extraído; e

c) decline o número do processo, o órgão *prolator do acórdão e a data da respectiva publicação no Diário Eletrônico da Justiça do Trabalho.*"

Também aqui cabe a observação: o recurso de revista fundado em *dissenso de julgados* só será admissível se esse antagonismo de pronunciamentos jurisdicionais estabelecer-se entre *súmulas* ou teses jurídicas predominantes nos respectivos Tribunais Regionais. Mais uma vez ressaltamos: a uniformização da jurisprudência dos Tribunais Regionais do Trabalho é obrigatória (CLT, art. 896, § 3.º); se a divergência for, apenas, entre *decisões* avulsas, o recurso de revista não deve ser admitido.

"**§ 9.º Nas causas sujeitas ao procedimento sumaríssimo, somente será admitido recurso de revista por contrariedade a súmula de jurisprudência uniforme do Tribunal Superior do Trabalho ou a súmula vinculante do Supremo Tribunal Federal e por violação direta da Constituição Federal.**"

COMENTÁRIO

Uma nótula gramatical oportuna: conquanto o texto legal traga a forma gráfica *sumaríssimo*, na verdade, o correto seria *sumariíssimo* (com dois *ii*), pois os adjetivos terminados em *io* precedido de consoante apresentam o superlativo com dois *ii*. Afinal, ninguém diz *fríssimo* (de frio), mas, *friíssimo*; *vadíssimo* (de vadio), mas *vadiíssimo*. Assim, também, *seriíssimo*, *necessariíssimo* etc. Inexistindo consoante antes de *io*, o superlativo apresenta apenas um i: *cheíssimo*, feíssimo.

Retornemos ao Direito.

Submetem-se ao procedimento sumariíssimo os conflitos individuais de interesses cujo valor atribuído à causa não exceda a quarenta vezes o salário mínimo em vigor na data do ajuizamento da petição inicial (CLT, art. 852-A, *caput*). Excetuam-se da submissão a esse procedimento as causas em que figura como parte a Administração Pública direta, autárquica ou fundacional (*ibidem*, parágrafo único). A utilidade do procedimento sumariíssimo é de pouca importância, pois a sentença aí proferida submete-se ao mesmo processo de execução das sentenças emitidas no procedimento ordinário, com sua reconhecida e irritante lenteza. A propósito, se a tão desejada celeridade processual, que chegou ao altiplano constitucional sob a forma de mandamento (CF, art. 5.º, LXXVIII), fosse obtenível mediante a simples adoção de superlativos, então sugeriríamos a instituição do procedimento *ordinariíssimo*...

Ao elaborar o § 9.º do art. 896, da CLT, o legislador reproduziu, em parte, a norma que constava do § 6.º do art. 896, da CLT, em sua redação anterior, acrescentando que nas causas sujeitas ao procedimento sumariíssimo também caberá recurso de revista quando o acórdão contrariar súmula vinculativa do STF.

Assim se dispôs porque as referidas súmulas do Supremo Tribunal Federal possuem *"efeito vinculante, relativamente aos demais* órgãos *do Poder Judiciário e* à *administração pública direta e indireta, nas esferas federal, estadual e municipal"*, nos termos do art. 103-A, da Constituição Federal.

Curiosamente, a norma legal em exame não prevê, no procedimento sumariíssimo, o cabimento do recurso de revista por violação à lei.

Devemos observar que o art. 896, § 9.º, da CLT, em sua atual redação, não permite a interposição de recurso de revista nas causas submetidas ao procedimento sumariíssimo quando fundado em contrariedade a Orientação Jurisprudencial do TST – vedação, aliás, estampada na Súmula n.º 442 do mesmo Tribunal:

> ***PROCEDIMENTO SUMARÍSSIMO. RECURSO DE REVISTA FUNDAMENTADO EM CONTRARIEDADE A ORIENTAÇÃO JURISPRUDENCIAL. INADMISSIBILIDADE. ART. 896, § 6.º, DA CLT, ACRESCENTADO PELA LEI N.º 9.957, DE 12.01.2000 (conversão da Orientação Jurisprudencial n.º 352 da SBDI-1) – Res. 185/2012, DEJT divulgado em 25, 26 e 27.09.2012*** *Nas causas sujeitas ao procedimento sumaríssimo, a admissibilidade de recurso de revista está limitada à demonstração de violação direta a dispositivo da Constituição Federal ou contrariedade a Súmula do Tribunal Superior do Trabalho, não se admitindo o recurso por contrariedade a Orientação Jurisprudencial deste Tribunal (Livro II, Título II, Capítulo III, do RITST), ante a ausência de previsão no art. 896, § 6.º, da CLT.*

"**§ 10. Cabe recurso de revista por violação a lei federal, por divergência jurisprudencial e por ofensa à Constituição Federal nas execuções fiscais e nas controvérsias da fase de execução que envolvam a Certidão Negativa de Débitos Trabalhistas (CNDT), criada pela Lei n.º 12.440, de 7 de julho de 2011.**"

Há décadas, o processo do trabalho não admite a interposição de recurso de revista na fase de execução, salvo se a decisão implicar ofensa direta e literal à Constituição da República. Veto nesse sentido está expresso no § 2.º do art. 896, da CLT. Fez-se sábio e prudente, o legislador, ao restringir a possibilidade de interposição de recurso de revista na execução, a fim de propiciar que esta atinja, o quanto antes, o seu objetivo: a expropriação de bens do devedor, para entregar o produto desse ato estatal ao credor e, desse modo, ver satisfeita a obrigação consubstanciada no título executivo.

A Lei n.º 13.015, todavia, rompe esse salutar princípio ao permitir a interposição de recurso de revista nas execuções fiscais e na fase de execução das Certidões de Débitos Trabalhista (CNDT), sempre que houver violação não apenas à Constituição Federal, mas à lei federal, e ainda em virtude de divergência jurisprudencial. Note-se que o § 10 do art. 896, da CLT fala somente em *ofensa* à Constituição Federal, não repetindo a norma do § 2.º do mesmo dispositivo legal, que se refere à *ofensa direta e literal* à Constituição. O sobredito § 2.º também não alude à contrariedade a súmula vinculativa, do STF.

A interpretação a ser dada ao § 10 do art. 896, da CLT deve ser de que a violação à Constituição da República, para ensejar a interposição de recurso de revista, cumpre ser *direta* e *literal*.

"**§ 11. Quando o recurso tempestivo contiver defeito formal que não se repute grave, o Tribunal Superior do Trabalho poderá desconsiderar o vício ou mandar saná-lo, julgando o mérito.**"

Em princípio, os atos e termos processuais, para terem validade, não dependem de forma determinada, salvo quando a lei a exigir de modo expresso (CPC, art. 154, *caput*, primeira parte). Os defeitos formais se referem, pois, aos atos em relação aos quais a forma é imposta por lei. Já se disse, com propriedade, que a *forma* dos atos processuais é necessária para conferir segurança jurídica às partes – mas o *formalismo* constitui uma deformidade, uma deturpação dos princípios processuais.

Diante de recurso de revista que apresente defeito meramente formal, que não seja grave, o relator poderá adotar uma destas duas atitudes: a) desconsiderar a falha e prosseguir com o processo; ou b) mandar saná-la – podendo suspender o processo, conforme seja o caso –, para, depois, retomar o curso processual em direção ao julgamento. A norma em foco revela, portanto, a presença de um poder discricionário do relator, que o exercerá segundo o seu prudente arbítrio.

O § 11 do art. 896, da CLT, torna concreta a incidência de dois princípios moderadores das nulidades processuais, a saber: a) da *instrumentalidade*, conforme o qual consideram-se válidos os atos que, "realizados de outro modo, lhe preencham a finalidade essencial" (CPC, art. 154, *caput,* parte final); b) da *proteção*, segundo o qual não se declara a nulidade quando for possível suprir a falta ou repetir o ato (CLT, art. 796, "a"; CPC, art. 249, § 2.º).

A definição sobre ser grave, ou não, o defeito formal, poderá, na prática, ser produto de subjetivismo, pois a lei não fornece elementos capazes de conduzir a uma conclusão verdadeiramente objetiva. Haverá necessidade, pois, de que a doutrina e, máxime, a jurisprudência preencham essa lacuna, a partir da classificação dos defeitos em *veniais* (ou escusáveis) e *graves* (ou grosseiros). Somente no caso destes últimos é que não se aplicará o disposto no parágrafo em estudo.

Como um dos defeitos formais pode ser indicado, por exemplo, o preenchimento errado ou incompleto das guias DARF e GFIP (desde que não impeçam a identificação das partes ou dos autos). A OJ n.º 264, da SBDI-1, do TST, declara, a propósito:

"*Não é essencial para a validade da comprovação do depósito recursal a indicação do número do PIS/PASEP na guia respectiva.*"

Outro defeito formal se traduz na interposição de recurso errôneo. No sistema do processo do trabalho, para cada ato judicial que se deseja impugnar há um recurso adequado. Há situações, porém, em que a parte faz uso de recurso inadequado. Esse fato nos motiva a falar de dois princípios muito importantes para o processo do trabalho, em cujos sítios ainda ressoa a retórica da simplicidade. Referimo-nos aos princípios da *variabilidade* e da *fungibilidade*. Reproduziremos, a seguir, o que sobre eles escrevemos no livro "Sistema dos Recursos Trabalhistas", 12.ª ed., São Paulo: LTr, 2014, p. 103-106.

Variabilidade

Dispunha o CPC de 1939, na primeira parte do art. 809, que o litigante poderia *variar* de recurso dentro do prazo legal; aí estava expresso, com todas as letras, o princípio legal da *variabilidade* do meio recursal que permitia à parte alterar, tornar diverso, o recurso antes interposto, desde que essa modificação ocorresse dentro do prazo fixado em lei. Lembra Pontes de Miranda que a variabilidade constitui velha tradição do direito processual, "*que cedo evitou atribuir-se* às *interposições o efeito exaustivo*", com o que se evitava a cumulação de recursos ("Comentários ao Código de Processo Civil", Rio de Janeiro: Forense, 1975, t. VII, p. 55).

O CPC de 1973, entretanto, não repetiu a regra constante do Código revogado, fato que provocou, nos primeiros momentos, certa disputa doutrinária quanto à possibilidade de poder-se, pela lei nova, variar de recurso. Pelo que nos cabe opinar, sempre sustentamos a opinião de que, a despeito da omissão do texto processual vigente, subsiste a faculdade que era outorgada pela lei antiga, contanto que a variação ocorra *dentro* do prazo para a interposição do recurso cabível. Esse entendimento acabou por prevalecer, tanto nos sítios do processo civil quanto nos do trabalho.

A CLT jamais conteve qualquer previsão acerca da matéria. Campos Batalha (obra cit., p. 768), comentando o fato de o CPC atual não haver reproduzido a norma constante do art. 809 do Código anterior, afirma que a variabilidade já não é possível, argumentando que "*Interposto o recurso, mesmo antes do término do prazo, operou-se a preclusão da recorribilidade, sendo impossível alterar ou complementar recurso já interposto*". Discordamos, *data venia*, desse entendimento, que apenas poderia ser sustentado (e ainda assim não pacificamente) no âmbito do processo civil, porquanto não se pode ignorar que o do trabalho é informado, dentre outros princípios, pelo da *simplicidade* (tanto do processo quanto do procedimento). Parece-nos, portanto, desrespeitosa desse princípio qualquer vedação à possibilidade de a parte variar de recurso quando ainda não esgotado o prazo para o exercício dessa pretensão. É sempre útil lembrar que o processo do trabalho permite que as partes ingressem em juízo pessoalmente, sem o patrocínio de advogado, podendo, por isso, "*acompanhar as suas reclamações até o final*" (CLT, art. 791, *caput*), inclusive interpondo recurso "por simples petição" (CLT, art. 899, *caput*, primeira parte), embora a Súmula n.º 425, do TST, limite o *ius postulandi* às Varas e aos Tribunais Regionais do Trabalho.

Dessa maneira, não se deverá obstar, no processo do trabalho, que o recorrente (autor ou réu) – possuindo, ou não, advogado constituídos nos autos – *varie* de recurso com a finalidade de interpor aquele que seria o correto ou o adequado, segundo a especificação legal, desde que todos os pressupostos para a admissibilidade do apelo tenham sido satisfeitos.

A faculdade de variar o recurso interposto também encontra fundamento no princípio da *unirrecorribilidade*, de acordo com o qual não se consente que se interponha, de uma só decisão, mais de um apelo. Impedir-se a alteração do remédio recursal seria, de certa forma, obrigar a que a parte interpusesse outro recurso, que seria o adequado, fazendo com que, desse modo, restasse sensivelmente escoriado o princípio da unirrecorribilidade.

A propósito, para que o princípio da variabilidade seja apropriadamente exercido, é indispensável que a parte, ao ingressar com o recurso correto, *desista* do anterior, incorreto, sob pena de ofensa ao aludido princípio.

Fungibilidade

Poderá acontecer de a parte não variar o recurso interposto, que não era o cabível na espécie, fazendo com que este chegue com essa erronia técnica ao juízo de admissibilidade *a quo* (e, ulteriormente, ao *ad quem*). Indaga-se: deveria o juiz denegar a interposição, alegando a impropriedade do meio recursal eleito pela parte, ou poderia conhecer desse recurso como se fosse o correto?

O CPC de 1939 continha resposta específica para essa questão, pois o seu art. 810 dispunha que "*Salvo a hipótese de má-fé ou erro grosseiro, a parte não será prejudicada pela interposição de recurso por outro, devendo os autos ser enviados à Câmara, ou Turma, a que competir o julgamento*". O CPC atual, no entanto, como também fizera em relação à variabilidade, não contemplou a possibilidade de o juízo conhecer de um recurso por outro – fato que configura o princípio da *fungibilidade*.

Os estudiosos do processo civil vêm entendendo que esse princípio teria sobrevivido no CPC vigente, ressalvadas as hipóteses de má-fé e de erro grosseiro. Sem pretendermos solapar o campo de atuação da doutrina processual civil, acreditamos ser possível atribuir à complexidade dos meios recursais existentes no CPC de 1939 o fato de esse Código haver disposto que o juízo poderia conhecer de um recurso por outro (art. 810); essa disposição somente não foi reproduzida pelo atual CPC em virtude da *simplificação* do sistema dos recursos. É lícito concluir, por isso, que teria parecido dispensável ao legislador de 1973 fazer qualquer explicitação quanto à fungibilidade, embora a sua imprevisão não deva ser entendida como um veto a essa possibilidade.

Se a própria doutrina do processo civil proclama a sobrevivência, no Código atual, do princípio da fungibilidade, por mais forte razão ele deverá ser admitido no processo do trabalho, em que, a par da já destacada *simplicidade* do procedimento, fundamenta essa aceitação o princípio da *instrumentalidade* das formas procedimentais, materializado pelo art. 244, do CPC em vigor e por força do qual "*Quando a lei prescrever determinada forma, sem cominação de nulidade, o juiz ad-*

mitirá válido (sic) o ato se, realizado de outro modo, lhe alcançar a finalidade"; essa permissão de aproveitamento de ato processual, aliás, também está contida no art. 154 do mesmo diploma processual.

Em concreto, portanto, no processo do trabalho, se ocorrer de a parte interpor, digamos, o recurso de agravo de petição, quando o correto seria o ordinário, deverá o juízo de admissibilidade *a quo* (e, por igual, o *ad quem*) admitir o recurso errôneo (agravo de petição) como se o legalmente adequado fosse (ordinário), dado que, longe de estar fazendo um favor ao recorrente (o que lhe é defeso pelas regras de equanimidade processual), estará, sim, respeitando os princípios da *simplicidade* e da *instrumentalidade das formas*, que, por sua vez, dão conteúdo ao da *fungibilidade*.

Discordamos, apenas, de haver-se denominado de *fungibilidade* a esse princípio, porquanto, do ponto de vista léxico, o vocábulo *fungível* relaciona-se às coisas que podem ser consumidas com o primeiro uso a que se destinam e cuja restituição só pode ser efetuada com outras da mesma espécie e qualidade; *ergo*, o adjetivo *fungibilidade* não reflete, com exatidão, o conteúdo do princípio que foi destinado a rotular. Poder-se-ia falar, talvez, em princípio da *conversão*, ou da *conversibilidade*, pois o verbo *converter* sugere a ideia de transformar, de transmudar – fato que, em verdade, ocorre quando o juiz conhece de um recurso por outro, justamente porque, de certa maneira, converteu o errôneo em adequado.

De lege ferenda, contudo, o ideal seria que não se fizesse qualquer distinção quanto à nomenclatura dos recursos trabalhistas, a fim de possibilitar que a parte manifestasse a sua contrariedade à decisão que lhe foi desfavorável sem preocupar-se em "escolher" qual, dentre tantos, seria o remédio cabível; a adoção de um sistema caracterizado pela *inespecificidade* (ou "indiferença") dos recursos seria congruente com a tantas vezes invocada simplicidade do processo especializado e respeitante do *ius postulandi* que ele outorga às partes.

Independentemente de tornar-se concreto esse anseio, o princípio da fungibilidade (ou da conversibilidade) deve ser admitido, com certa amplitude, no processo do trabalho, salvo se a interposição imprópria decorrer de má-fé ou de erro grosseiro. O simples *erro* (portanto, não grosseiro), por si só, não deve ser causa impediente da aplicação prática do princípio da fungibilidade, sob pena de escoriação do princípio da simplicidade e da informalidade, característicos do processo do trabalho.

Se cabe a crítica, devemos observar que o processo do trabalho, em si, é verdadeiramente *simples*; a complexidade, que se lhe vem atribuindo, na prática, tem sido produto de certas concepções civilistas, de que se deixam influenciar ora, os juízes, ora, os advogados, ora, o Ministério Público – afeitos, por vícios acadêmicos, ao formalismo e às regras algo bizantinas do procedimento judicial civil.

Esclareça-se que a simpleza do processo trabalhista não significa que se deva fazer tábua rasa das regras elementares e estruturais do procedimento, cuja observância atende à necessidade de segurança jurídica das partes, além do que traçam os caminhos a ser percorridos pelo juiz, na qualidade de reitor do processo; tais regras são componentes do *due process of law*, que compreende, também, o especializado.

Reitere-se que o processo moderno já não é *coisa das partes*; segue-se que a margem de disponibilidade lhes é restrita, sendo desaconselhável, por isso, qualquer elastecimento da disciplina processual a que estão vinculadas. O princípio da fungibilidade dos recursos em nada distende essa disciplina, pois a conversão é ato do *juiz* – ao qual não se poderá, com agir assim, assacar um propósito tumultuário do procedimento, de modo a torná-lo suscetível de medida correcional.

Mantenha-se o juiz entre as partes e acima delas, mas com os olhos sempre atentos para a simplicidade e a celeridade do processo e do procedimento trabalhista e ter-se-á o esboço de um quadro ideal.

Pode ser também reputado como defeito formal a ausência de assinatura do advogado no recurso de revista. Para este caso, a SBDI-I, do TST, adotou a OJ n.º 120, assim redigida: "*Recurso. Assinatura da petição ou das razões recursais. O recurso sem assinatura será tido por inexistente. Será considerado válido o apelo assinado, ao menos, na petição de apresentação ou nas razões finais*". Essa OJ merece elogios por haver solucionado com bom senso um problema que estava a gerar jurisprudências regionais insensíveis, segundo as quais a falta de assinatura em quaisquer das peças que integram o recurso (petição de apresentação) ou razões recursais faria com que não fosse admitido. É oportuno reiterar a advertência de que a *forma*, no universo processual, é importante, porque está vinculada à segurança jurídica; o *formalismo*, porém, representa uma anomalia, uma deturpação. De resto, se nenhuma das mencionadas peças do recurso de revista estiver assinada, o recurso será considerado inexistente. *Juridicamente inexistente*, pois do ponto de vista material não se pode negar que ele exista.

Algumas vezes, o *defeito formal* se confunde com o *erro material*. Isso ocorre, v. g., quando se troca o nome do autor pelo do réu, ou vice-versa; quando se indica, no recurso, o juízo errado (embora a peça recursal seja protocolada no juízo correto); quando se suprimem letras do nome das partes, ou letras são acrescentadas etc.

De resto, devemos destacar o fato de o projeto do futuro CPC estabelecer, no art. 945, parágrafo único, esta regra de extremo bom senso e de sensibilidade à função meramente instrumental do processo:

> "*Antes de considerar inadmissível o recurso, o relator concederá o prazo de cinco dias ao recorrente para que seja sanado o vício ou complementada a documentação exigível.*"

"§ 12. Da decisão denegatória caberá agravo, no prazo de 8 (oito) dias."

COMENTÁRIO

A norma em exame parece estar desarticulada das que a precedem. A entendermos que esteja a referir-se ao recurso de revista, ela é desnecessária, pois o art.

897, *caput*, da CLT, já prevê o prazo de oito dias para interposição do agravo. Sob esse aspecto, teria sido, por suposto, a falta de visão sistemática que levou o legislador a redigir o § 12 do art. 896, da CLT.

"§ 13. Dada a relevância da matéria, por iniciativa de um dos membros da Seção Especializada em Dissídios Individuais do Tribunal Superior do Trabalho, aprovada pela maioria dos integrantes da Seção, o julgamento a que se refere o § 3.º poderá ser afeto ao Tribunal Pleno." (NR)

COMENTÁRIO

Na segunda edição deste livro, escrevemos: "A norma é enigmática. A entender-se que o Tribunal Pleno seria do Tribunal Superior do Trabalho, indagaríamos como isso seria possível, uma vez que o incidente de uniformização da jurisprudência é suscitado no âmbito de Tribunal Regional do Trabalho (CLT, art. 896, § 3.º) e por este apreciado. A concluir-se, por outro lado, que o Tribunal Pleno seria do próprio Tribunal Regional, parece que se estaria a consagrar uma paráfrase, ou uma redundância, pois, em princípio, o incidente é mesmo julgado pelo Pleno Regional. Talvez, o que o § 13, em exame, esteja a cogitar é da possibilidade de a competência para a apreciação do incidente – estabelecida pelo Regimento Interno – seja, digamos, do Órgão Especial do Regional e, considerando a relevância da matéria, essa competência poderia ser deslocada para o Pleno Regional por proposição de qualquer Ministro integrante da Seção Especializada em Dissídios Individuais do Tribunal Superior do Trabalho, mediante a aprovação da maioria dos seus pares da mesma Seção".

Posteriormente, a Presidência do TST editou o Ato n.º 491/2014, cujo art. 7.º dispôs:

> "*Para os efeitos do § 13 do artigo 896 da CLT, a afetação de julgamento ao Tribunal Pleno, em face da relevância da matéria, somente poderá ocorrer em processos em tramitação na Subseção de Dissídios Individuais do Tribunal Superior do Trabalho. Parágrafo* único. *A afetação a que se refere o* caput *deste artigo não pressupõe, necessariamente, a existência de diversos processos em que a questão relevante seja debatida.*"

Data venia, o *caput* do Ato n.º 491/2014 poucas luzes trouxe a correta compreensão do § 13, até porque faz menção ao "julgamento", sabendo-se que, em rigor, no incidente de uniformização da jurisprudência não já julgamento, mas simples fixação da tese a ser observada. Diz-nos o parágrafo único que a afetação referida no *caput* não pressupõe, necessariamente, a existência de diversos processos – a sugerir que, a despeito da referência efetuada pelo § 13 do art. 896, da CLT, ao art. 3.º do mesmo artigo, não se trataria de incidente de uniformização de jurisprudência, mas de *assunção de competência*, em sede dos recursos de apelação ou de agravo, à feição do previsto no art. 555, § 1.º, do CPC. Consta dessa norma legal:

"Ocorrendo relevante questão de direito, que faça conveniente prevenir ou compor divergência entre câmaras ou turmas do tribunal, poderá propor o relator seja o recurso julgado pelo órgão *colegiado que o regimento indicar; reconhecendo o interesse público na assunção de competência, esse* órgão *colegiado julgará o recurso"*. O enigma legal ainda não foi decifrado. "*Decifra-me ou devoro-te*" – era a terrível sentença lançada pela lendária Esfinge aos que se aproximavam da cidade de Tebas. Parece-nos que estamos a necessitar de um novo Édipo, para enfrentar o § 13, do art. 896, da CLT.

ERROS MATERIAIS

"Art. 897-A. ....

"**§ 1.º Os erros materiais poderão ser corrigidos de ofício ou a requerimento de qualquer das partes.**"

COMENTÁRIO

Erros materiais são erros de cálculo, de escrita, de digitação; aqui, não há julgamento: somam-se duas parcelas de 100 e obtém-se 300, grafa-se *renumerar*, em vez de *remunerar*; 2024, no lugar de 2014 etc.

A norma em exame era desnecessária, pois a matéria já se encontra regulada pelo art. 833, da CLT, que ainda se encontra em vigor. Houve falha sistêmica do legislador. Ou devemos concluir que a Lei n.º 13.015/2014 teria revogado, pela via tácita, o art. 833? Ou estaria a ocorrer antinomia entre esse artigo e o 897-A, § 1.º, da CLT?

Nem uma coisa, nem outra.

O que a Lei n.º 13.015/2014 fez nada mais foi do que transformar o parágrafo único do art. 897-A em § 1.º. O aludido artigo e seu parágrafo único haviam sido introduzidos pela Lei n.º 9.957, de 12-1-2000 e, daquele tempo até agora, nunca se sustentou, com êxito, a revogação do art. 833, da CLT, ou a ocorrência de antinomia entre esse normativo e o art. 897-A, parágrafo único. Sempre se atribuiu a uma inadvertência do legislador o fato de haver inserido o parágrafo único do art. 897-A, na CLT.

É a mesma conclusão a que se deve chegar, em relação ao atual § 1.º do art. 897-A.

Assim, embora por força da Lei n.º 13.015/2014 a correção de erro material tenha sido inserida no art. 897-A, da CLT, que cuida dos embargos de declaração, a correção desse erro pode ser efetuada, como sempre foi, por iniciativa do juiz (*ex officio*) ou mediante *petição simples* do interessado, vale dizer, independentemente de embargos declaratórios. Desta forma, além de o § 1.º do art. 897-A, da CLT, ser tautológico (pois o art. 833 diz, *mutatis mutandis*, há muito mais tempo, a mesma coisa), evidencia o cometimento, pelo legislador de heterotopia, pois não era esse apropriado o lugar (tópico) para inserir a norma.

Conquanto, nos termos do preceptivo legal mencionado, essa correção possa ser feita até "antes da execução", na verdade ela pode ser realizada a qualquer tempo, enquanto o processo não for extinto, pois o erro material não se submete ao fenômeno processual da coisa julgada material (CPC, art. 467). Imaginar-se que um manifesto erro material que esteja a eivar a sentença – consistente, por exemplo, em haver condenado o "reclamante" a pagar ao "reclamado" aviso prévio, férias, horas extras etc. – não possa ser corrigido porque se iniciou a execução, seria render-se culto surrealismo jurídico. Já possuímos muitas interpretações estapafúrdias nos sítios do Direito, para aceitarmos mais uma.

"§ 2.º Eventual efeito modificativo dos embargos de declaração somente poderá ocorrer em virtude da correção de vício na decisão embargada e desde que ouvida a parte contrária, no prazo de 5 (cinco) dias."

Em rigor, os embargos de declaração, em si considerados, não possuem efeito modificativo da decisão a que se dirigem. Esse efeito é da sentença ou do acórdão que julga os precitados embargos. Seja como for, o que a norma em exame nos permite concluir é que, havendo nos embargos declaratórios pedido de efeito modificativo, ou se o juiz pressentir que esse efeito ocorrerá, mesmo sem pedido do embargante, cumprirá ao magistrado ouvir a parte contrária à embargante, no prazo de cinco dias. Trata-se de um *contraditório prévio*, motivado mais pelo bom senso do legislador do que por sua suposta preocupação em preservar a regra do art. 5.º, LV, da Constituição Federal, uma vez que o contraditório, por ela referido, não é, necessariamente, *imediato*, podendo ser *diferido*, ou seja, projetado para tempo futuro.

A inobservância do contraditório prévio, em tema de embargos de declaração, fará nula a sentença declaratória que acarretar manifesto prejuízo à parte (CLT, art. 794).

Veja-se, a propósito do assunto, a OJ n.º 142, da SBDI-1, do TST:

***EMBARGOS DE DECLARAÇÃO. EFEITO MODIFICATIVO. VISTA À PARTE CONTRÁRIA.* (inserido o item II à redação) – Res. 178/2012, DEJT divulgado em 13, 14 e 15.02.2012.**

I – É passível de nulidade decisão que acolhe embargos de declaração com efeito modificativo sem que seja concedida oportunidade de manifestação prévia à parte contrária.

II – Em decorrência do efeito devolutivo amplo conferido ao recurso ordinário, o item I não se aplica às hipóteses em que não se concede vista à parte contrária para se manifestar sobre os embargos de declaração opostos contra sentença.

A possibilidade de a sentença resolutiva dos embargos de declaração possuir efeito modificativo do julgado já estava – e continua a estar – prevista na Súmula n.º 278, do TST. A Súmula, entretanto, supõe que esse efeito derive, apenas, de omissão do pronunciamento jurisdicional, o que é inexato, pois o efeito pode emanar, em alguns casos, do aclaramento da obscuridade ou da eliminação da contradição.

A norma legal em exame faz referência à correção de "vício" na decisão embargada. Se o vocábulo, por nós aspado, disser respeito à obscuridade, contraditoriedade ou omissão, devemos concluir que a norma é desnecessária, em face do disposto nos art. 897-A, *caput*, da CLT, e 535, I e II, do CPC; se o mencionado termo estiver a aludir a "vício" que não se confunde com os mencionados, fica a perplexidade sobre quais seriam esses "vícios", capazes de ser sanados em sede de embargos declaratórios.

O Ato n.º 491/2014, da Presidência do TST, bem poderia ter elucidado a redação do § 2.º do art. 897-A, da CLT, nesse particular.

Em que pese ao fato de o art. 897-A, da CLT, somente prever o cabimento de embargos declaratórios da sentença e do acórdão, temos sustentado, desde muito tempo, a possibilidade de serem utilizados em relação a qualquer pronunciamento jurisdicional, aqui incluídas, entre outras, as decisões interlocutórias e as monocráticas, proferidas pelos relatores.

Conforme pudemos escrever, em livro específico:

> "*Ora, se a sentença (ou o acórdão) obscura, contraditória ou omissa deve ser objeto de embargos de declaração, a fim de evitar-se que produza a coisa julgada material com esses graves erros de expressão do pensamento do julgador, não menos necessário é que a doutrina e a jurisprudência admitam o uso de tais embargos, quando vícios dessa natureza estiverem a contaminar outros pronunciamentos jurisdicionais (...) Não seria insensato sustentar, até mesmo, a possibilidade de os embargos de declaração serem utilizados para suprir omissão ou eliminar contraditoriedade ou obscuridade existentes em outros pronunciamentos jurisdicionais, como os despachos com conteúdo decisório. A não ser assim, como cumprir-se um despacho dessa natureza, que se revela lacunoso (omissão), incoerente (contradição) ou ininteligível (obscuro)?*" ("Cadernos de Processo Civil", vol. 16 – "Embargos de Declaração", São Paulo: LTr, 1999, p. 21-22; "Sistema dos Recursos Trabalhistas", 11.ª ed., São Paulo: LTr, 2011, p. 360-363).

Assim também têm entendido os setores mais lúcidos da doutrina do próprio processo civil, conforme revelam estas manifestações:

a) "*Na realidade, qualquer decisão judicial comporta embargos de declaração: é inconcebível que fiquem sem remédio a obscuridade, a contradição ou a omissão existente no pronunciamento, não raro a comprometer até a possibilidade prática de cumpri-lo*" (José Carlos Barbosa Moreira, "Comentários ao Código de Processo Civil", 6.ª ed., Rio de Janeiro: Forense, vol. V, 1994, p. 498);

b) "*quanto à circunstância de serem as decisões interlocutórias impugnáveis por agravo de instrumento, não torna por si só desnecessários os embargos de declaração, pois os dois remédios têm finalidades específicas e distintas, não sendo razoável atribuir ao agravo uma função que os embargos declaratórios se mostram de desempenhar com muito mais simplicidade e rapidez*" (José Carlos Barbosa Moreira, *idem, ibidem*);

c) "*constitui direito da parte obter do Poder Judiciário uma decisão qualquer que seja ela, de clareza cristalina. Iríamos até mais longe, afirmando que, eventualmente, até despachos poderiam, em tese, desde que preenchidos os demais pressupostos de admissibilidade deste recurso, ser objeto de embargos de declaração*" (Teresa Celina de Arruda Alvim, "Agravo de Instrumento", *Revista dos Tribunais*, 1991, p. 259 e 279, n.º 131).

O notável Pontes de Miranda, a propósito, chega a aceitar, sem restrições, o uso dos embargos declaratórios "*contra decisões interlocutórias e nos próprios despachos de expediente*" ("Comentários ao Código de Processo Civil", Rio de Janeiro: Forense, vol. VII, 1975, p. 401).

Como observa Elton Venturi,

> "*Sem dúvida, preponderante é a tese do cabimento dos embargos de declaração contra todas as espécies de pronunciamentos jurisdicionais, tanto em* âmbito *doutrinário como jurisprudencial, orientação esta à qual aderimos (...) Faz-se apropriado, por fim, aludirmos também à convicção, a cada dia mais presente no espírito, tanto do jurista como principalmente do aplicador do direito, acerca da necessidade de se ultrapassar dogmas estigmatizados na cultura jurídica (muitos dos quais arraigados no direito processual), a fim de que não reste frustrado o próprio direito substancial*" (*Revista de Processo*, ano 24, jan./mar. de 1999, p. 370).

O Tribunal Superior do Trabalho passou a admitir a possibilidade de os embargos de declaração possuírem como objeto decisões monocráticas, segundo demonstra a Súmula n.º 421, I:

> "*Tendo a decisão monocrática de provimento ou denegação de recurso, prevista no art. 577 do CPC, conteúdo decisório definitivo e conclusivo da lide, comporta ser esclarecida pela via dos embargos declaratórios, em decisão aclaratória, também monocrática, quando se pretende tão somente suprir omissão e não modificação do julgado*". Esclarece o inciso II da Súmula: "*Postulando o Embargante efeito modificativo, os embargos declaratórios deverão ser submetidos ao pronunciamento do Colegiado, convertidos em agravo, em face dos princípios da fungibilidade e celeridade processual.*"

A mencionada Súmula não foi prejudicada pelo art. 897-A, § 2.º, da CLT, designadamente quando os embargos declaratórios forem opostos a pronunciamentos dos órgãos de primeiro grau da jurisdição.

"§ 3.º Os embargos de declaração interrompem o prazo para interposição de outros recursos, por qualquer das partes, salvo quando intempestivos, irregular a representação da parte ou ausente a sua assinatura." (NR)

A declaração de que os embargos declaratórios interrompem o prazo para a interposição de outros recursos, por quaisquer das partes, consta do art. 538, *caput*, do CPC, que vinha sendo, pacificamente, aplicado, em caráter supletivo, processo do trabalho. Temos, agora, disposição própria, análoga ao do CPC.

Na interrupção, o prazo que estava sendo contado antes do oferecimento dos embargos de declaração é apagado, iniciando-se novo prazo para a interposição do recurso cabível, após a intimação da sentença declaratória.

No sistema do CPC de 1939, ditos embargos possuíam somente efeito *suspensivo* dos prazos recursais, de tal arte que o prazo decorrido antes do oferecimento dos embargos era mantido, vindo a somar-se ao prazo que prosseguia após a intimação da sentença declaratória. Ademais, naquele Código do passado não se esclarecia se o prazo recursal seria suspenso também para o adversário da parte que ofereceu os embargos declaratórios. A doutrina e a jurisprudência do período acabaram entendendo, acertadamente, que sim. O mais grave – para seguirmos falando do CPC de 1939 – é que se os embargos de declaração fossem considerados *protelatórios* não teriam efeito suspensivo! Esse fato fazia com que as partes, a um só tempo, oferecessem embargos declaratórios e interpusessem recurso da mesma decisão. O CPC de 1973 substituiu essa penalidade de natureza processual (não suspensão do prazo para recorrer) por outra, de caráter pecuniário (multa). Dessa maneira, no sistema atual, ainda que os embargos de declaração sejam manifestamente protelatórios, interromperão o prazo para recurso (exceto se intempestivos, se a parte estiver irregularmente representada ou a petição não estiver assinada), embora sujeitem o embargante à multa prevista no parágrafo único do art. 538, do CPC.

A inovação do legislador trabalhista consistiu em indicar os casos em que esse efeito *não* ocorrerá: intempestividade, irregularidade de representação ou ausência de assinatura da parte. Não se pode deixar de aplicar, entretanto, quanto à irregularidade de representação, a regra do art. 13, *caput*, do CPC – plenamente compatível com o processo do trabalho (CLT, art. 769) –, conforme a qual "*Verificando a incapacidade processual ou a irregularidade de representação das partes, o juiz, suspendendo o processo, marcará prazo razoável para ser sanado o defeito*". Se o autor, o réu ou o terceiro deixarem de atender ao despacho judicial, as consequências processuais encontram-se descritas nos incisos I a III do citado dispositivo legal. Ressalte-se, todavia, o entendimento consubstanciado na Súmula n.º 383, do TST:

MANDATO. ARTS. 13 E 37 DO CPC. FASE RECURSAL. INAPLICABILIDADE (conversão das Orientações Jurisprudenciais n.ºs 149 e 311 da SBDI-1) – Res. 129/2005, DJ 20, 22 e 25.04.2005.

I – É inadmissível, em instância recursal, o oferecimento tardio de procuração, nos termos do art. 37 do CPC, ainda que mediante protesto por posterior juntada, já que a interposição de recurso não pode ser reputada ato urgente. (ex-OJ n.º 311 da SBDI-1 – DJ 11.08.2003)

II – Inadmissível na fase recursal a regularização da representação processual, na forma do art. 13 do CPC, cuja aplicação se restringe ao Juízo de 1.º grau. (ex-OJ n.º 149 da SBDI-1 – inserida em 27.11.1998)

O § 13 do art. 896 afirma que os embargos declaratórios interrompem o prazo para *outros* recursos. O art. 538, *caput*, do CPC também menciona o pronome indefinido *outro*, ao dizer do efeito interruptivo provocado pelos embargos de declaração. Isso significa que tanto o legislador do processo do trabalho quanto o do processo civil entendem que esses embargos constituem modalidade de recurso. Do ponto de vista estritamente legal, não há como discordar-se desse entendimento, tendo em vista o art. 496, IV, do CPC. Sob a perspectiva doutrinária, entrementes, é possível sustentar-se a opinião de que os embargos declaratórios não possuem natureza (nem finalidade) dos recursos típicos. A razão é elementar: ao contrário dos recursos genuínos, os embargos declaratórios não se destinam à reforma da decisão à qual se dirigem, mas, apenas, a suprir omissão, aclarar obscuridade ou eliminar contradição do julgado. O fato de, na correção dessas falhas jurisdicionais, tais embargos poderem modificar a decisão não lhes confere natureza recursal; ocorre que essa modificação não constitui escopo dos embargos, mas acontecimento episódico, fortuito. Se os embargos de declaração constituíssem, efetivamente, espécie recursal, seríamos levados a duas conclusões – entre tantas outras – inaceitáveis: a) não poderiam ser oferecidos às sentenças proferidas nas ações de alçada exclusiva das Varas do Trabalho, pois o art. 2.º, § 4.º, da Lei n.º 5.584/1970 declara, de maneira enfática que "*nenhum* recurso caberá" (destacamos) das sentenças emitidas nessas causas (exceto se violarem a Constituição da República); b) a parte, ao oferecer embargos de declaração, deveria realizar o depósito pecuniário a que se refere o art. 899, § 1.º, da CLT. Nenhuma dessas situações é aceita no plano da realidade prática, a revelar, por essa forma, que os embargos declaratórios, sob o ângulo da doutrina, não participam da natureza dos recursos.

O efeito interruptivo dos prazos recursais, provocado pelos embargos de declaração – quando estes são oferecidos no prazo legal e sem quaisquer das irregularidades apontadas pela norma legal em foco – é automático, importa dizer, opera-se no exato momento em que a petição é protocolada em juízo. Não há necessidade, portanto, de declaração judicial para que esse efeito se verifique validamente. Incide, aqui, a regra do art. 158, *caput*, do CPC: "*Os atos das partes, consistentes em declarações unilaterais ou bilaterais de vontade, produzem imediatamente a constituição, a modificação ou a extinção de direitos processuais*".

Devemos lançar, nesta quadra de nossa exposição, alguns comentários objetivos acerca das causas para o oferecimento de embargos declaratórios.

a) Obscuridade

O vocábulo obscuridade é originário do latim *obscuritas*, que significa o estado do que é obscuro; falta de clareza nas ideias e nas expressões. Essa causa já estava prevista no CPC de 1939 (art. 862, *caput*).

Obscura é a sentença ininteligível, que não permite compreender-se o que consta do seu texto. É consequência, quase sempre, de um pronunciamento jurisdicional confuso, em que as ideias estão mal expostas ou mal articuladas. A parte não sabe, enfim, o que o juiz pretendeu dizer ao realizar a prestação jurisdicional.

É elementar que a obscuridade é um problema de foro subjetivo: o que pode ser ininteligível para a parte pode parecer, aos olhos do julgador, absolutamente claro. Podemos mesmo reconhecer a existência de uma graduação da obscuridade: há as que são manifestas e as que são discutíveis. Importa, contudo, que a parte, convencendo-se da obscuridade da sentença, a ela oponha embargos declaratórios com a finalidade de aclará-la, de torná-la inteligível.

Dentre as falhas de expressão jurisdicional, a obscuridade é a menos frequente. Estamos pressupondo, à evidência, que se trata de obscuridade admitida pelo órgão prolator da sentença embargada, porquanto as meramente alegadas podem chegar a números consideráveis, dependendo, apenas, da conveniência da parte em apontá-la como fundamento dos embargos. Não seria despropositado afirmar que a sentença obscura é uma sentença enigmática.

b) Contradição

Contradição (contra + dique) é o ato pelo qual alguém se coloca em antagonismo com o que havia dito ou feito; é a oposição inconciliável entre duas proposições. Essa causa de oponibilidade dos embargos de declaração estava presente no CPC de 1939.

O traço característico da contradição é representado, pois, pela incoerência, pela desarmonia do pensamento; as ideias contrapõem-se, sem que se possa conciliá-las. Uma exclui a outra.

No plano processual, a contradição pode ocorrer entre as partes da sentença (ou do acórdão) ou mesmo dentro de uma delas. Em regra, essa colisão verifica-se entre a fundamentação e o dispositivo: naquela, *v.g.*, o juízo reconhece o cometimento de falta grave pelo trabalhador e, nesta, condena o empregador a pagar-lhe aviso-prévio.

É elementar que a contraditoriedade, capaz de ensejar os embargos declaratórios, tem de estar na sentença ou no acórdão; se a contradição for entre sentenças ou entre acórdãos proferidos pelo mesmo juiz em outros processos, não haverá lugar para os embargos. O problema, aí, é de incoerência do julgador quanto a determinada questão ou tema jurídico sobre os quais se manifestou, em ocasiões distintas, de maneira conflitante.

Se a conclusão do acórdão, por erro na contagem dos votos, destoa da soma destes, conforme se vem a constatar nas notas taquigráficas ou em outros elementos (fita magnética relativa àquela sessão do julgamento), são cabíveis embargos de declaração, com o objetivo de, obtendo-se a recontagem dos votos, acertar a conclusão e, em consequência, o próprio resultado do julgamento.

Discute-se, na doutrina e na jurisprudência, se a contradição entre a *ementa* do acórdão e o seu dispositivo pode ensejar o uso de embargos de declaração. Embora entendamos não ser compatível com o processo do trabalho a regra inscrita no art. 563, do CPC, segundo a qual "*Todo acórdão conterá ementa*", pensamos ser possível o oferecimento de embargos declaratórios na situação mencionada. Ocorre que a ementa constitui – como o próprio vocábulo está a demonstrar – uma síntese da principal matéria apreciada na causa, uma espécie de frontispício desta. Ademais, as ementas, por seu elevado poder de síntese, soem ser mencionadas por juízes, advogados, membros do Ministério Públicos e outros, em suas manifestações, sempre que pretendem fundamentar os argumentos de que se valem. Dessa forma, uma desarmonia entre a ementa e o dispositivo do acórdão, por exemplo, poderia acarretar certos transtornos não apenas no caso concreto, em que esse antagonismo se deu, como na generalidade das situações em que uma ementa equivocada fosse utilizada para fundamentar arrazoados das partes ou dos magistrados. A não se admitir a possibilidade do manejo dos embargos de declaração, nesta hipótese, estar-se-ia, ainda, criando graves prejuízos às partes, pois estas teriam de aceitar uma de duas situações: a) deixar que o antagonismo persistisse, com o risco de, na fase de execução (se este fosse o caso), dar-se uma interpretação ao acórdão totalmente dissociada da intenção do órgão jurisdicional que o produziu; b) ingressar com petição simples, para corrigir a falha, e, com isso, submeter-se a um outro risco: o de perder o prazo para a interposição do recurso cabível, porquanto a mencionada petição é destituída de eficácia interruptiva do prazo recursal. Traduz regra de bom senso, portanto, admitir-se a possibilidade de a ementa ser objeto de embargos declaratórios.

A finalidade dos embargos, ante a contradição existente na sentença ou no acórdão, é fazer com que o juízo prolator corrija essa incoerência do seu pronunciamento, por forma a torná-lo lógico, a harmonizar, entre si, as partes do provimento jurisdicional. Afinal, a coerência não é um requisito específico das decisões judiciais, senão que do próprio pensamento humano, em geral.

c) Omissão

Do latim *omissio*, o vocábulo identifica a ação de omitir, de não fazer, de preterir, de esquecer. A omissão figurava também no CPC anterior como uma das causas para a oponibilidade dos embargos declaratórios. É a mais frequente no âmbito da Justiça do Trabalho, em razão da quantidade de fatos expostos e de pedidos formulados nas demandas submetidas à apreciação dessa Justiça.

Sentença omissa é a que deixa de pronunciar-se sobre um ou mais pedidos formulados pelas partes, pouco importando que estejam na inicial ou na contestação (ou na resposta do réu, *lato sensu*). Etiologicamente, pode ser caracterizada como produto da desatenção, da inadvertência, da pressa ou do esquecimento do julgador. A sentença (bem assim o acórdão) omissa contém, de certa maneira, um pronunciamento *citra petita*, pois a apreciação do órgão foi, em relação aos pedidos deduzidos na causa, quantitativamente inferior à que deveria ter sido realizada.

No caso de omissão, o que se pede ao juiz, por meio dos embargos declaratórios, é que complete a prestação jurisdicional – que, até então, se revela lacunosa. Pode-se dizer, por isso, que a sentença declarativa possui, nessa hipótese, finalidade *completiva*. Ou que ela própria, sentença, é *declaratória-completiva*. Pode-se falar, ainda, em *colmatação*.

A omissão pressupõe que o pedido não apreciado esteja, como dissemos, na petição inicial ou na contestação, pois inexistirá omissão quando for o caso de pedido não formulado, mas apenas imaginado pela parte. O ingresso no exame deste aspecto da questão coloca-nos diante do problema dos denominados *pedidos implícitos*. Sabemos que o juiz pode manifestar-se acerca de certas questões, mesmo que não tenham sido formuladas pela parte, sem que isso acarrete um julgamento *extra petita*.

A essa espécie de pontos de direito ou de parcelas não expressamente lançadas na inicial ou na contestação designou-se, em linguagem não muito apropriada, *pedidos implícitos*. Na verdade, a condenação do réu (quando esse for o caso) ao pagamento de quantias não postuladas pelo autor não decorre de um pedido implícito, mas, sim, da vontade ou do comando da lei, tanto material quanto formal.

A dificuldade que possa haver, portanto, nessa matéria, não é sobre saber se o julgador pode apreciar, ou não, tais pedidos, mas de definir quais os que podem ser considerados implícitos para esse efeito.

Dois deles parecem-nos de configuração inequívoca: a correção monetária e os juros da mora. Por força de lei, os créditos trabalhistas estão sempre sujeitos a essa correção. O mesmo se afirme quanto aos juros da mora. O próprio CPC, que contém a advertência de que os pedidos devem ser interpretados restritivamente, declara: "*compreendem-se, entretanto, no principal, os juros legais*" (art. 293). Para sermos objetivos: a correção monetária e os juros da mora, quando devidos, deverão integrar a sentença condenatória, mesmo que não tenham sido expressamente pleiteados pela parte. Não é só: ainda que a sentença não tenha feito qualquer referência a eles, um e outro serão computados no cálculo do montante da obrigação pecuniária a ser satisfeita pelo réu. Aparentemente, portanto, revela-se inútil a oposição de embargos declaratórios à sentença que deixou de aludir a essas parcelas, pois omissão, em rigor, não teria havido. Não é bem assim. Os embargos declaratórios se justificariam, no caso, no mínimo para obter do juiz um esclarecimento acerca dos *critérios* a serem utilizados para o cálculo da atualização monetária e dos juros da mora, sabendo-se que há certa divergência jurisprudencial a respeito desse tema. Logo, o embargante teria *interesse* processual (CPC, art. 3.º) em obter essa declaração jurisdicional.

Embora a jurisprudência se venha manifestando vacilante acerca do assunto, julgamos que a incidência da penalidade prevista no art. 467 da CLT (pagamento da parte incontroversa das parcelas da rescisão, sob pena de pagá-las com o acréscimo de cinquenta por cento) independe de requerimento expresso: o seu caráter de sanção legal (pecuniária) autoriza a aplicá-la de ofício.

A omissão capaz de propiciar o oferecimento de embargos declaratórios deve ser relativa a pedido (ainda que implícito) ou a fato relevante; sendo assim, não constitui motivo legal para a oposição desses embargos a ausência de pronunciamento do juízo a respeito de fatos absolutamente despiciendos para a causa (embora possam ser a ela pertinentes), ou de argumentos jurídicos secundários utilizados pelas partes, salvo se o interessado houvesse pedido ao órgão jurisdicional pronunciamento específico acerca de um ou mais argumentos que houvesse expendido em sua petição, como quando, p. ex., tencionasse, com essa medida, prequestionar aquele ponto com a finalidade de resguardar a interposição, no momento oportuno, de recurso de revista, para o TST, ou extraordinário, para o STF.

Se a sentença, em sua fundamentação, acolher determinado pedido que fora formulado pelo autor (horas extras, *e.g.*) e o dispositivo, por economia de atividade jurisdicional, embora não mencionando expressamente esse pedido, fizer referência a estar deferindo ao autor as parcelas constantes da inicial "*na forma da fundamentação*", não há, aqui, omissão. A referência integrativa, efetuada pelo dispositivo à motivação da sentença, faz com que àquele se incorpore, se integre tudo o que foi objeto de deferimento por esta. Omissa será a sentença, sem dúvida, se o dispositivo reportar-se à fundamentação e, nesta, não se houver apreciado certo pedido; em tal hipótese, o dispositivo teria apontado para o vazio, vinculado o nada ao *nihil*. Deverá o interessado, diante disso, opor embargos declaratórios a essa parte da sentença, se quiser ver sanada a falha do órgão decisor.

O exemplo que formulamos, da remissão integrativa feita pelo dispositivo à fundamentação, não significa que estejamos a elogiar ou a estimular esse procedimento judicial. Na verdade, o dispositivo, em princípio, a única parte do pronunciamento jurisdicional que produz coisa julgada material (CPC, art. 469), deve mencionar, especificadamente, todas as parcelas integrantes da condenação, até mesmo para dar a necessária segurança jurídica às partes, em relação àquilo que está sendo acolhido e que está sendo rejeitado.

O problema da dúvida

A Lei n.º 8.950/1994 excluiu a *dúvida* como causa para o oferecimento de embargos declaratórios. Foi acertada essa atitude do legislador? Cremos que não.

Cumpre-nos recordar que o CPC de 1939 não fazia referência à dúvida (do latim *dubitare*, incerteza, vacilação), aludindo, apenas, à obscuridade, à contradição e à omissão. A incorporação desse estado de hesitação do espírito humano, entre a afirmação e a negação de um fato, como causa para o oferecimento de embargos declaratórios, mereceu, na altura, algumas objeções de parcela da doutrina. Basicamente, argumentou-se que esse acréscimo fora desnecessário, pois a dúvida não seria só algo extremamente subjetivo, como guardaria sinonímia com obscuridade.

Não pretendemos, aqui, reacender as antigas e acaloradas discussões que se estabeleceram sobre a matéria. Desejamos, apenas, deixar registrada a nossa opinião de que, em rigor, dúvida e obscuridade não significam a mesma coisa, seja do ponto de vista léxico ou jurídico. Realmente, o que caracteriza a obscuridade é a falta de intelecção, a ininteligibilidade do texto; a dúvida, ao contrário, é assinalada pelo excesso de inteligência, pois o texto permite ser interpretado em mais de um sentido: é anfibológico, dubitativo. Se leio: "*O policial prendeu o ladrão em sua casa*", não estou diante de um texto obscuro, pois consigo compreender, perfeitamente, a mensagem central: o ladrão foi preso pelo policial. Contudo, o pronome possessivo *sua*, por se referir tanto ao ladrão quanto ao policial, enseja dúvida: a prisão teria sido feita na casa de quem? Do policial ou do ladrão? Logo, dúvida não é o mesmo que obscuridade...

O tempo tratou de demonstrar que, na prática, as partes, amiúde, passaram a ser tomadas de assalto por *dúvidas* derivantes de certos textos judiciais ambíguos; entretanto, como elas não puderam indicar esse estado de hesitação da inteligência como fundamento para o uso dos embargos declaratórios, a solução (precária e artificiosa, por certo) consistiu em converterem a dúvida (que é real) em obscuridade (que é imaginária) para que os seus embargos pudessem ser apreciados, e a imperfeição da sentença ou do acórdão, sanada. Convenhamos: melhor teria sido que as coisas tivessem ficado como estavam, anteriormente à Lei n.º 8.950/1994.

É possível oferecer embargos de declaração à sentença declaratória, desde que o fundamento dos segundos embargos, em princípio, seja diverso do contido nos primeiros. A sentença, por exemplo, pode ter sido lacunosa, e a declaratória, ao suprir a omissão, revelar-se contraditória.

Duas das disposições do art. 1.037 do projeto do futuro CPC, a respeito dos embargos declaratórios, estão a merecer encômios; são elas:

> "§ 3.º Caso o acolhimento dos embargos de declaração implique modificação da decisão embargada, o embargado que já tiver interposto outro recurso contra a decisão originária tem o direito de complementar ou alterar suas razões, nos exatos limites da modificação, no prazo de quinze dias, contados da intimação da decisão dos embargos de declaração.
>
> § 4.º *Se os embargos de declaração forem rejeitados ou não alterarem a conclusão do julgamento anterior, o recurso interposto pela outra parte, antes da publicação dos julgamentos dos embargos de declaração, será processado e julgado independentemente de ratificação.*"

Percebe-se, em ambos os casos, que a parte não será prejudicada pelo fato de haver interposto recurso antes do julgamento dos embargos declaratórios. No caso do § 3.º, ela poderá complementar ou alterar as razões do recurso; no do § 4.º, o seu recurso será processado e (se for o caso) julgado sem necessidade de ser ratificado. Essas disposições são compatíveis com o processo do trabalho, conquanto ainda não se tenham convertido em lei.

O que não se tem admitido é a interposição de recurso antes de publicada a decisão contra a qual ele se dirige. Eis o corolário: "I – É *extemporâneo recurso interposto antes de publicado o acórdão impugnado*" (TST, Súmula n.º 434). O adjetivo *extemporâneo*, utilizado na redação da súmula, não é muito preciso, possuindo algo de anfibológico, pois significando *aquilo que ocorre fora do tempo apropriado*, também pode ser usado para caracterizar um recurso interposto *além* do prazo legal. Melhor teria agido, pois, o TST, se houvesse empregado o substantivo *precipitado* ao redigir a súmula. *Precipitado* é sinônimo de *apressado*, de *açodado*, vale dizer, daquilo que se faz *antes* do momento oportuno.

DEPÓSITO PECUNIÁRIO EM AGRAVO DE INSTRUMENTO

"Art. 899. ....

....

"§ 8.º **Quando o agravo de instrumento tem a finalidade de destrancar recurso de revista que se insurge contra decisão que contraria a jurisprudência uniforme do Tribunal Superior do Trabalho, consubstanciada nas suas súmulas ou em orientação jurisprudencial, não haverá obrigatoriedade de se efetuar o depósito referido no § 7.º deste artigo.**" (NR)

COMENTÁRIO

O agravo de instrumento, no sistema do processo do trabalho, possui um só escopo: liberar, destrancar, recurso que não tenha sido admitido por ato monocrático (CLT, art. 897, "b"). Se a inadmissibilidade do recurso se deu por ato de colegiado, não será cabível o agravo instrumentado, mas sim, outro recurso como, por exemplo, o de revista.

O depósito em dinheiro, exigido pelo art. 899, § 1.º, da CLT, como pressuposto objetivo para a admissibilidade de determinados recursos, foi instituído com dupla finalidade: a) desestimular a interposição – máxime quando protelatória – de recursos; b) assegurar, ainda que em parte, a futura execução (ou cumprimento) da sentença ou do acórdão dotados de carga condenatória (obrigação de pagar quantia certa).

Com a atenção mais concentrada na finalidade indicada na alínea "a", do parágrafo anterior deste texto, o § 7.º do art. 899, da CLT – acrescentado pela Lei n.º 12.275, de 29 de junho de 2010 – impôs que no ato de interposição do agravo de instrumento o agravante depositasse quantia correspondente a 50% do valor do depósito do recurso que visa a destrancar.

O novel § 8.º do mesmo dispositivo legal, todavia, dispensa esse depósito pecuniário quando o recurso de revista, que a parte deseja desbloquear, se insurge contra decisão contrária à jurisprudência uniforme do TST, materializada em súmulas ou em orientações jurisprudenciais.

A norma, em princípio, é de boa lógica e justa, pois se o recurso de revista for admitido, é provável que seja provido, porquanto o que por meio dele se colima é fazer prevalecer a jurisprudência uniforme do TST, consubstanciada seja em súmula, seja em orientação jurisprudencial da Corte Superior. Dissemos *em princípio* por que, muitas vezes, o recurso obstado na origem possui diversas matérias, sendo que somente uma delas está em antagonismo com súmula ou orientação jurisprudencial do TST. Nesse caso, seria de colocar-se em dúvida o acerto do legislador ao introduzir o § 8.º no art. 899, da CLT. O Ato n.º 491/2014, da Presidência do TST, entretanto, trouxe a solução em seu art. 23:

> "*A dispensa do depósito recursal a que se refere o § 8.º do artigo 899 da CLT não será aplicável aos casos em que o agravo de instrumento se refira a uma parcela de condenação, pelo menos, que não seja objeto de arguição de contrariedade a súmula ou a orientação jurisprudencial do Tribunal superior do Trabalho.*"

Note-se, todavia, que o depósito pecuniário *não será dispensado* se a decisão contra a qual se dirige o agravo de instrumento contrariar simples jurisprudência esparsa do TST. A norma legal faz clara menção à súmula ou *orientação jurisprudencial*. Jurisprudência esparsa, nem por antonomásia, pode ser alteada ao *status* de *orientação*.

De lembrarmos, ainda, que se a regra é a efetivação do depósito pecuniário, e a sua dispensa, a exceção, não se pode interpretar de maneira ampliativa uma norma de caráter excepcional. Assim, em princípio, a norma só é aplicável ao agravo de instrumento interposto de decisão denegatória da admissibilidade de *recurso de revista*. A despeito disso, não seria absurdo se a jurisprudência, invocando a *mens legislatoris*, viesse a admitir a interposição desse agravo quando tendente a destrancar *qualquer recurso* de decisão contrária "*a jurisprudência uniforme do Tribunal Superior do Trabalho, consubstanciada nas suas súmulas ou em orientação jurisprudencial*".

Há casos, porém, em que se dispensa, integralmente, a realização de depósito, para efeito de interposição de recurso, inclusive, o de agravo de instrumento. São os casos da massa falida (TST, Súmula n.º 86) e da Fazenda Pública; mas, não, da empresa em regime de liquidação extrajudicial. É evidente que se não houver condenação a pagamento em pecúnia o depósito também não será exigido (TST, Súmula n.º 161).

Quando necessário, o depósito deverá ser realizado e comprovado no prazo para a interposição do recurso (TST, Súmula n.º 245). Para esse efeito, cumpre ser observada a Súmula n.º 426, do mesmo Tribunal:

> ***"DEPÓSITO RECURSAL. UTILIZAÇÃO DA GUIA GFIP. OBRIGATORIEDADE (editada em decorrência do julgamento do processo TST-IUJEEDRR 91700-09.2006.5.18.0006) – Res. 174/2011, DEJT divulgado em 27, 30 e 31.05.2011.*** *Nos dissídios individuais o depósito recursal será efetivado mediante*

a utilização da Guia de Recolhimento do FGTS e Informações à Previdência Social – GFIP, nos termos dos §§ 4.º e 5.º do art. 899 da CLT, admitido o depósito judicial, realizado na sede do juízo e à disposição deste, na hipótese de relação de trabalho não submetida ao regime do FGTS."

A Súmula n.º 128, do TST, traz outras orientações acerca do depósito de que estamos a tratar:

> ***DEPÓSITO RECURSAL** (incorporadas as Orientações Jurisprudenciais n.ºs 139, 189 e 190 da SBDI-1) – Res. 129/2005, DJ 20, 22 e 25.04.2005*
>
> *I – É ônus da parte recorrente efetuar o depósito legal, integralmente, em relação a cada novo recurso interposto, sob pena de deserção. Atingido o valor da condenação, nenhum depósito mais é exigido para qualquer recurso. (ex-Súmula n.º 128 – alterada pela Res. 121/2003, DJ 21.11.03, que incorporou a OJ n.º 139 da SBDI-1 – inserida em 27.11.1998)*
>
> *II – Garantido o juízo, na fase executória, a exigência de depósito para recorrer de qualquer decisão viola os incisos II e LV do art. 5.º da CF/1988. Havendo, porém, elevação do valor do débito, exige-se a complementação da garantia do juízo. (ex-OJ n.º 189 da SBDI-1 – inserida em 08.11.2000)*
>
> *III – Havendo condenação solidária de duas ou mais empresas, o depósito recursal efetuado por uma delas aproveita as demais, quando a empresa que efetuou o depósito não pleiteia sua exclusão da lide. (ex-OJ n.º 190 da SBDI-1 – inserida em 08.11.2000)*

RECURSOS DE REVISTA REPETITIVOS

Art. 2.º A Consolidação das Leis do Trabalho (CLT), aprovada pelo Decreto-Lei n.º 5.452, de 1.º de maio de 1943, passa a vigorar acrescida dos seguintes arts. 896-B e 896-C:

"Art. 896-B. Aplicam-se ao recurso de revista, no que couber, as normas da Lei n.º 5.869, de 11 de janeiro de 1973 (Código de Processo Civil), relativas ao julgamento dos recursos extraordinário e especial repetitivos."

COMENTÁRIO

A Lei n.º 11.418, de 19 de dezembro de 2006, inseriu no CPC o art. 543-B, dispondo sobre os recursos *extraordinários* repetitivos, com vistas à verificação do requisito constitucional da *repercussão geral* (CF, art. 102, § 3.º).

Um registro histórico: no projeto da EC n.º 45/2004, tentou-se estender aos recursos *especial* (STJ) e de *revista* (TST) o requisito da *repercussão geral*, mas essa ideia foi rechaçada tanto pela Câmara quanto pelo Senado.

Tempos depois, a Lei n.º 11.672, de 8 de maio de 2008, acrescentou ao CPC o art. 543-C, versando sobre os recursos *especiais* repetitivos. Essa norma legal derivou da iniciativa do Instituto Brasileiro de Direito Processual – IBDP –, que apresentou proposta legislativa com o objetivo de aplicar também ao recurso especial a técnica de julgamento dos recursos repetitivos, adotada pelo art. 543-B, do CPC, em relação aos recursos *extraordinários*.

É interessante observar que, em tema de restrição legislativa à admissibilidade de recursos, o art. 543-B, do CPC (recurso extraordinário), está amparado pelo § 3.º do art. 102 da CF – sustentação que falta ao recurso especial. Os arts. 896-B e 896-C, da CLT, por sua vez, encontram apoio no art. 110-A, § 1.º, da CF, segundo o qual a competência do TST será estabelecida em lei (ordinária).

Inspirando-se nessas duas normas do CPC, e tendo como supedâneo o sobredito normativo constitucional, a Lei n.º 13.015, de 21 de julho de 2014, incorporou ao sistema do processo do trabalho a disciplina dos recursos *de revista* repetitivos, mediante a inserção dos arts. 896-B e 896-C, no texto da CLT. O art. 896-B autoriza a adoção supletiva, no que couber, dos arts. 543-B e 543-C, do CPC, que, conforme vimos, se ocupam dos recursos extraordinário e especial repetitivos, respectivamente. Em princípio, essa adoção somente será regular se forem atendidos os requisitos da omissão e da compatibilidade, previstos no art. 769, da CLT; articula-se com esse dispositivo da legislação consolidada a ressalva: "no que couber", efetuada pelo art. 896-B, da CLT. É relevante assinalar que o art. 769, da CLT, faz referência à aplicação de dispositivos do direito processual comum às normas do Título X, sendo certo que os arts. 896-B e 896-C integram esse Título.

Cremos que, no plano da realidade prática, a instauração do incidente de recursos de revista repetitivos apresentará dificuldades técnicas mais acentuadas do que as que estão a ocorrer nos domínios do processo civil, quanto aos recursos especial e extraordinário, em virtude da expressiva quantidade de temas que sói caracterizar o processo trabalhista. Só o tempo nos dará a resposta.

A finalidade da instituição legal do incidente de recursos repetitivos – que também podem ser denominados de *repetitórios* ou *reiterativos* – sob a perspectiva:

a) da *magistratura,* foi a uniformização da interpretação do direito, com o propósito de conceder segurança jurídica aos jurisdicionados; esse objetivo somente pode ser alcançado mediante o julgamento massivo dos recursos. Argumenta-se, ainda, com a celeridade e a economia processuais, pois com uma só decisão o TST resolverá dezenas ou centenas de casos contendo a mesma questão de direito controvertida ou espelhando matéria jurídica relevante;

b) da *advocacia,* foi restringir o exercício do direito constitucional da ampla defesa, pois os argumentos jurídicos utilizados nos recursos selecionados como representativos da controvérsia (paradigmas) ou da relevância da matéria nem sempre coincidem com os expendidos nos recursos sobrestados, ainda que a *quaestio iuris* seja idêntica entre aqueles e estes; e, se forem coincidentes, podem não ser dotados da mesma eficácia persuasiva.

Não há, pois, convergência de opiniões, em virtude dos interesses opostos a que elas se vinculam, fato que nos traz à lembrança os versos do poeta e filósofo espanhol, Ramón de Campoamor y Campoosorio,

> "*Em este mundo traidor,*
>
> *nada es verdade, ni mentira,*
>
> *todo és según el color*
>
> *del cristal com que se mira.*"

Maniqueísmo à parte, o incidente em questão possui dupla finalidade, nesta ordem: a) reduzir a maré-montante dos recursos de revista a serem apreciados pelo TST; b) preservar a unidade do direito, mediante a interpretação uniforme de suas normas. A redução da pletora de recursos de revista ocorrerá, em tese, pelo fato de o resultado do julgamento dos recursos selecionados como representativos da controvérsia (recursos paradigmáticos) ter repercussão nos demais recursos dessa natureza, que podem, inclusive, ter a sua admissibilidade denegada, como evidencia o inciso I do § 11 do art. 896-C, da CLT. A preservação da unidade do direito decorre do mesmo fato, pois o TST, ao julgar os recursos paradigmas, fixará a tese jurídica a ser observada nos demais casos idênticos. Quanto à alegação dos senhores advogados de que o incidente de recursos repetitivos restringe, em certos casos e nalguma medida, o exercício do direito constitucional de ampla defesa não possui a relevância que aparenta ter, pois esse direito terá sido exercitado nas razões do recurso de revista ou nas correspondentes contrarrazões, embora devamos reconhecer que os argumentos jurídicos lançados nos recursos paradigmas podem, em alguns casos, ser menos consistentes, do ponto de vista jurídico, do que os contidos nos recursos sobrestados.

Pode dar-se, contudo, de a tese fixada pelo tribunal, no julgamento do incidente, não ser a melhor; esse é um risco inerente a toda uniformização jurisprudencial e a todo julgamento massivo. A tese, no entanto, pode ser modificada quando se alterar a situação econômica, social ou jurídica em que, de algum modo, se fundou (CLT, art. 896-C, § 17). Em princípio, portanto, a lei veda, de maneira implícita, por exemplo, a revisão da tese em decorrência da simples modificação na composição do órgão julgador ou de nova reflexão dos mesmos magistrados que participaram do julgamento do incidente. Se modificação de tal ordem fosse possível, a segurança jurídica – um dos pilares do incidente de recursos repetitivos – ficaria, gravemente, comprometida. O legislador visou, portanto, não apenas à preservação da *uniformidade* interpretativa das normas jurídicas, mas à *estabilidade* dessa interpretação, ao condicionar a revisão desta a elementos, essencialmente, objetivos.

Não podemos deixar de reconhecer que o ingente volume de ações e de recursos que hoje é submetido à apreciação da Justiça do Trabalho se revela, infinitamente, superior aos primeiros anos de funcionamento dessa Justiça Especializada; e, mesmo que, por hipótese, venham a ser criados em profusão órgãos jurisdicionais de primeiro grau ou ampliada a composição dos órgãos de segundo e terceiro graus, a Justiça do Trabalho, por mais operosos que se revelem os seus magistrados, não conseguirá atender ao mandamento constitucional de duração razoável do processo e de celeridade em sua tramitação (CF, art. 5.º, LXXVIII). A luta dessa Justiça contra a pletora de ações e de recursos estará sempre perdida, máxime se considerarmos a entranhada vocação de nossa gente para invocar a prestação jurisdicional mesmo em situações em que o conflito de interesses poderia ser resolvido extrajudicialmente. Essa é uma realidade que não podemos ignorar, e que possui raízes históricas e sociológicas profundas.

A ação, como sabemos, traduz um direito público subjetivo, de origem constitucional, de os indivíduos e as coletividades invocarem a prestação da tutela jurisdicional do Estado, com a finalidade de evitar a lesão do direito ou de obter a reparação do direito lesado (CF, art. 5.º, XXXV). O direito de ação está, pois, intimamente ligado aos princípios em que se funda o nosso Estado Democrático de Direito (CF, art. 1.º). Sendo assim, haveria de ser recebida com extrema indignação qualquer tentativa, mesmo legislativa, de restringir ou de coarctar o exercício desse alcandorado direito. O mesmo, entretanto, não se passa com os recursos, inclusive o ordinário. Não estamos, aqui, a insinuar que esse recurso deva ser anatematizado de nosso sistema processual, e sim, que eventuais restrições à sua interposição não implicam violação ao texto constitucional, pois este – controvérsias à parte – não consagra o duplo grau de jurisdição. Essa dualidade de graus jurisdicionais constitui tradição que se abriga nas normas infraconstitucionais sobre o processo. Se é possível haver restrição ao uso do recurso ordinário, por mais forte razão pode ela incidir nos recursos de natureza extraordinária, como é o caso do de revista, no processo do trabalho. Não se conforma ao objetivo deste livro a realização de um estudo aprofundado sobre a origem e a necessidade dos recursos processuais; o que estamos pretendendo deixar claro é que as políticas legislativas devotadas à *racionalização* dos recursos – nomeadamente no âmbito da Justiça do Trabalho – não ofendem a ordem constitucional, e se justificam pela imperiosidade de desafogar os tribunais superiores e de ensejar mais rapidamente a formação da coisa julgada material.

É nesse contexto que deve ser visto o incidente de recursos repetitivos, integrado ao sistema do processo do trabalho por obra da Lei n.º 13.015/2014.

Retornaremos ao assunto ao comentarmos o § 17 do art. 896-C, da CLT.

"Art. 896-C. Quando houver multiplicidade de recursos de revista fundados em idêntica questão de direito, a questão poderá ser afetada à Seção Especializada em Dissídios Individuais ou ao Tribunal Pleno, por decisão da maioria simples de seus membros, mediante requerimento de um dos Ministros que compõem a Seção Especializada, considerando a relevância

da matéria ou a existência de entendimentos divergentes entre os Ministros dessa Seção ou das Turmas do Tribunal."

COMENTÁRIO

Note-se que a norma cuida, exclusivamente, da multiplicidade de *recursos de revista.*

São estes os pressupostos legais *essenciais* para adoção do procedimento dos recursos de revista repetitivos:

a) a multiplicidade de recursos dessa espécie;

b) que esses recursos tenham como objeto a mesma questão de direito;

c) que haja relevância da matéria, ou

d) controvérsia interpretativa sobre a questão de direito.

Examinemos, com brevidade, os referidos pressupostos.

a) Multiplicidade de recursos de revista

Para já, a primeira investigação que cumpre realizar diz respeito ao que se deva entender por *multiplicidade* de recursos, para os efeitos de incidência do texto legal em estudo. Essa expressão foi utilizada, com precedência, pelo CPC (art. 543-C, *caput*).

O substantivo *multiplicidade* significa aquilo que apresenta um grande número, uma grande variedade de algo. Esse conceito léxico, todavia, não é suficiente para fornecer-nos um critério objetivo que nos permita afirmar a presença, nos casos concretos, de multiplicidade de recursos, para os efeitos do art. 896-B, da CLT. Talvez, possamos nos basear no adjetivo *múltiplice*, que significa *a quantidade maior do que três* ("Dicionário Houaiss da Língua Portuguesa", Rio de Janeiro: Editora Objetiva, 2001, p. 1.978), de tal modo que, a partir de quatro recursos versando sobre a mesma questão de direito, já poderíamos pensar em *multiplicidade* e, em consequência, na instauração do incidente de recursos de revista repetitivos.

Eventual alegação de que, para a instauração do incidente, bastaria a existência de somente dois recursos contendo interpretações antagônicas sobre a mesma questão de direito implicaria ousada escapadela à norma legal, que alude, de maneira translúcida, à *multiplicidade* de recursos. Nem mesmo perifraseando poderíamos admitir que *dois* sejam sinônimo de *múltiplos.*

b) Mesma questão de direito (*quaestio iuris*)

A expressão legal *questão de direito* possui – ao menos no sistema da Lei n.º 13.015/2014 – sentido bifronte, pois tanto pode significar a existência de *controvérsia* sobre determinada norma jurídica, quanto de *matéria relevante.*

As questões de fato, ainda que controversas ou relevantes, não poderão ser objeto do procedimento dos recursos repetitivos. A propósito, também o recurso de revista não se presta ao exame de fatos (e de provas), nos termos da Súmula n.º 126, do TST. Em Direito, *fatos* são todos os acontecimentos do mundo sensível capazes de gerar repercussão na ordem jurídica.

É estranhável, por esse motivo, a afirmação constante do § 16 do art. 896-C, da CLT, de que a decisão tomada na apreciação de recurso repetitivo não será aplicada aos casos em que ficar demonstrado que "*a situação* ***de fato*** *ou de direito é distinta das presentes no processo julgado sob o rito dos recursos repetitivos*" (destacamos). A única possibilidade de atribuir-se sentido a essa dicção legal será concluindo que se trata de situação factual regida pela norma jurídica configuradora da questão de direito.

c) Relevância da matéria

O art. 543-C, do CPC, não faz menção à *relevância da matéria* como pressuposto para a instauração do incidente de recursos (especiais) repetitivos; alude, apenas, à existência de *controvérsia* (§ 1.º). O estatuto processual civil só cogita de *relevância da matéria* para efeito de admitir a manifestação de pessoas, órgãos ou entidades juridicamente interessadas na controvérsia (art. 543-C, § 4.º).

Considerando que o *caput* do art. 896-C, da CLT, fala da *multiplicidade* de recursos de revista, a inferência a que se chega é de que se houver múltiplos recursos dessa natureza, contendo a mesma *matéria de notória relevância jurídica*, poderá ser instaurado o incidente de recursos repetitivos, *ainda que não haja controvérsia acerca dessa matéria*. A não entendermos dessa forma, seríamos compelidos a concluir que a expressão legal "*relevância da matéria ou a existência de entendimentos divergentes*" estaria comprometida por vício tautológico, o que não é verdade. O disjuntivo *ou* demonstra que estamos diante de situações distintas que, como tais, devem ser consideradas.

d) Existência de controvérsia

A instauração do procedimento dos recursos repetitivos também poderá ocorrer quanto houver interpretações conflitantes – e, de certo modo, atuais (CLT, art. 896, § 7.º) – sobre a mesma questão de direito. Aqui, não se cogita da *relevância jurídica da matéria*; basta que a *quaestio iuris* envolva interpretações antagônicas.

Caracterizada a existência de recursos de revista repetitivos, o procedimento a ser observado será o seguinte:

1) qualquer Ministro integrante da Seção Especializada, levando em conta a relevância da matéria ou a existência de entendimentos divergentes sobre a mesma questão de direito entre os Ministros dessa Seção ou das Turmas do Tribunal, poderá requerer que a questão seja submetida ("afetada", diz a lei) à Seção Especializada em Dissídios Individuais ou ao Tribunal Pleno. A utilização do verbo *afetar*, pelo legislador, não foi muito apropriada. *Afetar*, como verbo transitivo direto, significa fazer crer; apresentar, fingir; imitar a forma de; atingir, produzindo lesão; comover, sensibilizar; causar abalo em; afligir; dizer respeito a, concernir. Como verbo pronominal expressa o apurar-se no exagero e de modo ridículo. Melhor teria feito o legislador se fizesse uso de outros verbos, como *selecionar*, *atribuir* etc.

2) por decisão da maioria simples dos Ministros da Seção Especializada, o requerimento poderá ser aprovado, sendo, então, a matéria submetida à apreciação da Seção Especializada em Dissídios Individuais ou ao Tribunal Pleno.

Maioria simples significa o primeiro número inteiro após a metade dos votos possíveis dos magistrados *presentes* à sessão do Colegiado. A *maioria absoluta*, por sua vez, é formada pelo primeiro número inteiro após a metade dos magistrados *integrantes* do Tribunal.

Ao dizer que a questão de direito poderá ser afetada à Seção Especializada ou ao Pleno, o texto legal está a afirmar que a *competência* para julgar os recursos selecionados como paradigmas poderá ser atribuída a um desses órgãos do TST.

O Ato n.º 491/2014 da Presidência do TST esclarece que

"somente poderão ser afetados recursos representativos da controvérsia que sejam admissíveis e que contenham abrangente argumentação e discussão a respeito da questão a ser decidida" (art. 8.º).

É razoável supor, entretanto, que, na prática, algum tempo haverá de ser consumido até que se possa fazer o levantamento da existência de multiplicidade de recursos de revista contendo a mesma questão de direito controversa, ou matéria relevante, a fim de instaurar-se o procedimento previsto nos arts. 896-B e 896-C, da CLT. Espera-se que esse tempo não seja superior ao razoável (CF, art. 5.º, LXXVIII).

Eis a sequência do procedimento:

"§ 1.º O Presidente da Turma ou da Seção Especializada, por indicação dos relatores, afetará um ou mais recursos representativos da controvérsia para julgamento pela Seção Especializada em Dissídios Individuais ou pelo Tribunal Pleno, sob o rito dos recursos repetitivos."

COMENTÁRIO

O art. 9.º do Ato n.º 491/2014, da Presidência do TST, estabelece que "*Quando a Turma do Tribunal Superior do Trabalho entender necessária a adoção do procedimento de julgamento de recursos de revista repetitivos, seu Presidente deverá submeter ao Presidente da Subseção de Dissídios Individuais I a proposta de afetação do recurso de revista, para os efeitos do* caput *do artigo 896-C da CLT*". Parece-nos que essa *proposta* de afetação do recurso de revista está em desarmonia com o § 1.º do art. 896-C, da CLT, porquanto aqui se afirma que o Presidente da Turma (para não mencionarmos o da Seção Especializada) *afetará* um ou mais recursos representativos da controvérsia, para julgamento pela Seção Especializada em Dissídios Individuais ou pelo Tribunal Pleno, sem vincular essa *afetação* a qualquer *proposta*.

Pondo de lado a discussão sobre o acerto ou desacerto dessa disposição do Ato n.º 491/2014, o parágrafo único do seu art. 9.º declara que o Presidente da Subseção deverá submeter a referida proposição ao colegiado no prazo máximo de trinta dias do seu recebimento, após o que:

a) se a proposta for acolhida, por maioria simples, caberá ao colegiado também decidir se a questão será apreciada pela própria SBDI-I ou pelo Tribunal Pleno (I);

b) para esse efeito, o processo será distribuído a um relator e a um revisor do órgão jurisdicional correspondente, onde deverá tramitar nos termos do art. 896-A, da CLT (II);

c) se a proposta for rejeitada, os autos serão devolvidos à Turma respectiva, a fim de que o julgamento do recurso de revista prossiga regularmente (III).

Embora o art. 543-C, do CPC, não faça referência ao fato de a seleção de um ou mais desses recursos ser feita por indicação dos relatores, é certo que, na prática, essa indicação deverá ser realizada, pois, em princípio, somente estes têm condições técnicas de verificar quais são os recursos representativos da controvérsia sobre a questão de direito.

A exemplo do que consta do § 1.º do art. 1.º da Resolução n.º 8, de 7 de agosto de 2008, do Superior Tribunal de Justiça, entendemos que deverá ser selecionado, no mínimo, um recurso de cada relator, e, dentre esses, repitamos, os que apresentarem maior número de fundamentos no acórdão e de argumentos no recurso de revista, pois somente assim a controvérsia poderá ser demonstrada em todas as suas dimensões. Receamos, porém, que o produto final dessa seleção aponte para um número excessivamente elevado de recursos, por modo a entravar a verificação sobre se todos eles cuidam da mesma questão de direito e se há controvérsia sobre o tema. *Ipso facto*, haverá inevitável retardamento no julgamento desses recursos e de todos os outros que foram suspensos em razão de conterem a mesma *quaestio iuris*.

> **§ 2.º O Presidente da Turma ou da Seção Especializada que afetar processo para julgamento sob o rito dos recursos repetitivos deverá expedir comunicação aos demais Presidentes de Turma ou de Seção Especializada, que poderão afetar outros processos sobre a questão para julgamento conjunto, a fim de conferir ao** órgão **julgador visão global da questão.**

COMENTÁRIO

Com a finalidade de propiciar ao órgão julgador dos recursos repetitivos uma visão mais ampla da *quaestio iuris*, o Presidente da Turma ou da Seção Especializada que afetar esses recursos deverá expedir comunicado aos demais Presidentes de Turmas ou de Seção Especializada, do próprio TST, que poderão encaminhar outros processos versando sobre a mesma questão jurídica, para serem julgados em conjunto. Entendemos que a expedição do referido comunicado não traduz uma faculdade, e sim, um *dever* do Presidente da Turma ou da Seção Especializada. Só há *faculdade* na afetação de outros recursos para julgamento englobado.

Também aqui, assalta-nos o espírito o receio de que a elevada quantidade de recursos selecionados dificulte, sobremaneira, o exame quanto à identidade de questão jurídica controversa e, como consectário, retarde o próprio julgamento desses recursos e dos que se encontram sobrestados, seja na origem, seja no próprio TST.

Em atendimento à garantia constitucional da celeridade na tramitação processual (CF, art. 5.º, LXXVIII), será sempre aconselhável que o Presidente da Turma ou da Seção Especializada, ao expedir o comunicado de que trata a norma legal *sub examen*, estabeleça prazo razoável para que os demais Presidentes de Turma ou de Seção Especializada encaminhem outros recursos contendo a mesma *quaestio iuris*. Se a fixação de prazo puder causar algum constrangimento *inter pares*, pode-se utilizar a fórmula diplomática: "*dentro da brevidade possível*"...

Podemos dizer que a remessa ao Presidente de Turma ou de Seção Especializada de outros processos tendo como núcleo a mesma questão de direito possui dois objetivos, que se manifestam em momentos distintos: a) o primeiro, como afirmamos, é o de propiciar ao órgão julgador uma visão global da controvérsia; b) o segundo, decidir a *quaestio iuris* de modo uniforme, para atribuir segurança jurídica aos jurisdicionados – que se concretiza por meio de prestação jurisdicional equânime.

"**§ 3.º O Presidente do Tribunal Superior do Trabalho oficiará os Presidentes dos Tribunais Regionais do Trabalho para que suspendam os recursos interpostos em casos idênticos aos afetados como recursos repetitivos, até o pronunciamento definitivo do Tribunal Superior do Trabalho.**"

COMENTÁRIO

A fim de evitar que sejam processados os recursos que se encontram nos Tribunais Regionais, consubstanciando matéria idêntica à que consta dos recursos de revista afetados como repetitivos, o Presidente do Tribunal Superior do Trabalho oficiará aos Presidentes desses Tribunais para que suspendam a tramitação dos referidos recursos, até o pronunciamento definitivo do TST. *Pronunciamento definitivo* há que ser entendido o transitado em julgado.

Os Presidentes dos Tribunais Regionais do Trabalho, doravante, terão o penoso encargo de verificar – ou de mandar verificar –, dentre as centenas e centenas de processos que tramitam na Corte, quais os que contêm matéria jurídica idêntica à que consubstancia os recursos afetados como repetitivos – vale dizer, representativos da controvérsia –, a fim de que os suspenda. O sobrestamento desses processos significa o trancamento, ainda que provisório, da prestação jurisdicional, que, por sua vez, implica uma considerável dilatação do tempo de tramitação do processo, ou seja, de sua "razoável duração" (CF, art. 5.º, LXXVIII). Quem viver, verá.

Na edição anterior deste livro indagamos se o Presidente do TST deveria oficiar aos Presidentes dos Tribunais Regionais para que suspendessem, apenas, os recursos *de revista* que aqui se encontram, ou para que o sobrestamento compreendesse, também, os recursos *ordinários*, ainda não julgados, que versassem sobre a mesma *quaestio iuris* dos recursos de revista selecionados como representativos da controvérsia. Dizíamos que o assunto estava franqueado aos debates e acreditávamos que haveria, num primeiro momento, tendência de a doutrina e a jurisprudência adotarem posição ortodoxa, vindo a responder que a suspensão deveria ter como objeto, unicamente, os recursos de revista, porque é a estes que se dirige o art. 896-C, da CLT. Entrementes, ponderávamos que se nos desprendêssemos de certos tabus dogmáticos e bem refletíssemos sobre a teleologia do incidente de recursos repetitivos, veríamos inexistirem razões de peso para repelir a possibilidade de a suspensão alcançar também os recursos ordinários. Acrescentávamos: afinal, de que adiantaria fazer com que os recursos dessa natureza seguissem tramitando apenas para, depois, os acórdãos que os julgarem viessem a ser impugnados mediante recursos de revista – que acabariam sendo suspensos? Por fim, reproduzimos, em reforço à nossa opinião, excerto de voto da lavra da Ministra Nancy Andrighi, do STJ, conforme o qual "*A suspensão dos julgamentos das **apelações** que versam sobre a mesma questão jurídica submetida ao regime dos recursos repetitivos atende à exegese teleológico-sistêmica prevista, uma vez que decidida a irresignação paradigmática, a tese fixada retorna à Instância* a quo *para que os recursos sobrestados se adequem à tese firmado no STJ (art. 543-C, § 7.º, I e II, do CPC)*. REsp 1111743/DF, Rel. p/acórdão Ministro Luiz Fux, Corte Especial, em 25-2-2010, DJe de 21-6-2010).

Pois bem. Ficamos satisfeitos ao constatar que o Ato n.º 491/2014, da Presidência do TST, em seu art. 10, declara que a suspensão deve compreender, também, "*os recursos interpostos contra as **sentenças** em casos idênticos aos afetados como recursos repetitivos*" (destacamos). Recursos que se interpõem das *sentenças* são, em regra, o ordinário e o agravo de petição. Em resumo: devem ser suspensos não apenas os recursos de revista, mas, também, os ordinários, os agravos de petição e outros que versem sobre a mesma matéria jurídica contida nos recursos de revista afetados como representativos da controvérsia (*quaestio iuris*) ou que consubstanciem matéria relevante.

Também na referida edição do livro afirmamos que haveria necessidade de a Lei n.º 13.015/2014 ser regulamentada por ato do TST, sem o que dificilmente poderia ser posta em execução. Naquela altura, para demonstrarmos a necessidade dessa regulamentação, indagávamos o que aconteceria quando os recursos de revista selecionados como representativos da controvérsia possuíssem diversas matérias de direito, mas apenas em relação a uma delas houvesse divergência de entendimentos: mesmo assim, esses processos seriam suspensos, prejudicando a sua tramitação quanto às matérias em relação às quais não havia controvérsia? O Ato n.º 491/2014, da Presidência do TST, respondeu, apenas em parte, a essas indagações, ao estabelecer, no art. 15, *verbis*:

"Quando os recursos requisitados do Tribunal Regional do Trabalho contiverem outras questões além daquela que é objeto da afetação, caberá ao órgão jurisdicional competente decidir esta em primeiro lugar e depois as demais, em acórdão específico para cada processo."

Idealmente, a Lei n.º 13.015/2014, nos casos em que houvesse diversas matérias jurídicas (questões de direito) discutidas nos autos, mas apenas quanto a uma delas ocorresse divergência de entendimento, deveria ter permitido que a matéria divergente fosse reproduzida em autos apartados, ensejando, desse modo, a que o processo prosseguisse em sua regular tramitação, relativamente às matérias sobre as quais inexistia controvérsia. Esse procedimento seria possível, desde que a matéria controversa não repercutisse nas demais. Talvez a praxe e a jurisprudência venham a suprir essa imprevisão da lei.

Suspensos os recursos, as partes deverão ser intimadas dos correspondentes despachos. É o que determina, com acerto, o art. 18, do Ato n.º 491/2014.

Se, por inadvertência, esses recursos não forem suspensos e chegarem ao TST, competirá ao Presidente desta Corte ordenar a devolução dos autos aos Tribunais Regionais de origem, a fim de que seja cumprida a determinação de suspender-lhes a tramitação.

Caso o Tribunal Regional perceba que o recurso, embora contenha matéria jurídica idêntica aos selecionados como representativos da controvérsia, é manifestamente inadmissível (intempestivo, deserto, incabível etc.), deverá, mesmo assim, suspendê-lo? Pensamos que sim. Nossa opinião pode vir a ser criticada sob o argumento indagativo de qual seria a utilidade prática de suspender-se um recurso que, seguramente, não seria admitido? Se assim se vier a argumentar, desejamos redarguir, desde logo, em caráter proléptico, que o juízo de admissibilidade somente poderá ser realizado *após* a publicação do acórdão do TST contendo o julgamento do recurso selecionado como paradigma, nos precisos termos do § 11 do art. 896-C, da CLT.

O art. 8.º do Ato n.º 491/2004, da Presidência do TST, contudo, faz alusão ao fato de os recursos afetados como representativos da controvérsia serem *admissíveis*, a insinuar um entendimento oposto ao nosso. De resto, estamos de acordo com a exigência dessa norma de que os recursos afetados possuam argumentação abrangente "*e discussão a respeito da questão a ser decidida*".

Princípios de bom senso sugerem que, havendo mais recursos consubstanciando tese idêntica à dos paradigmas, não seja selecionado aquele cuja inadmissibilidade se revele provável ou inevitável.

Cremos que a instauração do incidente de recursos repetitivos fará com que o julgamento tanto dos recursos paradigmas quanto dos demais, que foram suspensos, fique, sobremaneira, retardado. É necessário, por isso, que o órgão competente procure, dentro do possível, acelerar o julgamento, a fim de permitir que todos esses recursos voltem a tramitar, se for o caso. O art. 14 do Ato n.º 491/2014, da Presidência do TST, determina que o julgamento dos recursos afetados seja realizado no prazo de um ano, sob pena de cessar, de maneira automática, a afetação e a suspensão dos demais recursos trazendo matéria de direito idêntica à dos selecionados como representativos da controvérsia (§ 1.º). Isso não significa, porém, que, cessada a afetação, a *quaestio iuris* não possa mais ser objeto do incidente de recursos repetitivos, pois o § 2.º do mencionado Ato dilucida que outro relator poderá afetar dois ou mais recursos representativos da controvérsia.

Mais uma vez, devemos trazer à memória a garantia constitucional da duração razoável do processo e de meios que assegurem a célere tramitação processual (CF, art. 5.º, LVXXVIII). Não negamos que o julgamento conjunto dos recursos de revista que tenham idêntica questão jurídica controvertida atenderia, entre outras coisas, ao postulado da economia processual. Devemos ponderar, no entanto, que nos sítios processuais economia não significa, necessariamente, celeridade. Bem ao contrário, em certas situações ela funciona como agente retardador do julgamento. Reconhecemos, no entanto, que a celeridade não pode ser vista em si mesma como valor absoluto, senão que correlacionada a outra garantia constitucional, qual seja a da ampla defesa (CF, art. 5.º, LV). A propósito, o grande desafio que desde sempre a realidade lançou ao legislador de nosso país consistiu em fazer com que este encontre um ponto de equilíbrio entre essas duas garantias, algo contrapostas: a celeridade e a ampla defesa, sendo razoável afirmar que, do ponto de vista axiológico, a preeminência é desta última, por estar umbilicalmente jungida aos princípios fundamentais de nosso Estado Democrático de Direito.

Celeridade sem ampla defesa é arbitrariedade; ampla defesa sem celeridade é denegação de justiça.

Caso a parte entenda que o seu recurso – um dos selecionados como representativos da controvérsia – não contém matéria (*quaestio iuris*) idêntica à versada nos demais recursos escolhidos para esse fim, poderá requerer que o seu processo prossiga regularmente. Constitui ônus da parte demonstrar a dessemelhança da matéria contida em seu recurso, em cotejo com a que consubstancia os demais, selecionados. Formulado o requerimento, a parte contrária será ouvida no prazo de cinco dias. Da decisão judicial sobre o requerimento caberá agravo, na forma do regimento interno do tribunal (Ato n.º 491/2014, art. 19, §§ 1.º e 2.º).

> **"§ 4.º Caberá ao Presidente do Tribunal de origem admitir um ou mais recursos representativos da controvérsia, os quais serão encaminhados ao Tribunal Superior do Trabalho, ficando suspensos os demais recursos de revista até o pronunciamento definitivo do Tribunal Superior do Trabalho."**

COMENTÁRIO

A norma repete o art. 543-C, § 1.º, do CPC.

Em uma ordem lógica, o parágrafo quarto, *sub examen*, deveria constituir o *caput* do art. 896-C, pois o recurso de revista é submetido, inicialmente, ao juízo de admissibilidade *a quo*, subsumido na pessoa do Presidente ou do Vice-Presidente do Tribunal Regional do Trabalho.

Somente se no âmbito do Tribunal Regional não fosse adotado o procedimento dos recursos de revista repetitivos é que caberia a qualquer Ministro da Seção Especializada do TST mandar tomar a providência.

Compete ao Presidente do Tribunal de origem não somente suspender os recursos contendo *quaestio iuris* idêntica à dos afetados como repetitivos (CLT, art. 896-C, § 3.º), como selecionar (o verbo *admitir*, utilizado pelo legislador, é inadequado, podendo conduzir a conclusões equivocadas) um ou mais recursos de revista representativos da controvérsia e encaminhá-los ao TST. Em princípio, essa seleção será efetuada antes de os mencionados recursos terem sido submetidos ao juízo tradicional de admissibilidade. Os demais recursos de revista, que se encontram em trâmite no Tribunal de origem, ficarão suspensos até o julgamento definitivo, no TST. Também aqui, a suspensão deverá ser certificada nos autos, cientificando-se as partes e o Ministério Público. Por analogia ao disposto no § 1.º do art. 896-C, da CLT, entendemos que caberá ao Presidente do Tribunal Regional solicitar *aos relatores* que indiquem um ou mais recursos para serem selecionados como paradigmas, enviando-os, em seguida, ao TST, para julgá-los em conjunto. O art. 11, inciso III, do Ato n.º 491/2014, da Presidência do TST, declara que o Relator, na Subseção Especializada do TST ou no Tribunal Pleno, "*requisitará aos Presidentes ou Vice-Presidentes dos Tribunais Regionais do Trabalho a remessa de até dois recursos de revista representativos da controvérsia*". O Ato fixou, portanto, o número máximo de *dois* recursos a serem encaminhados ao TST pelos Tribunais Regionais. Essa fixação é justificável, pois sem ela os Tribunais de origem poderiam encaminhar ao TST enormes quantidades desses recursos, causando, com isso, graves transtornos ao Ministro Relator na SBDI ou no Pleno.

Os recursos por essa forma e para essa finalidade selecionados tenderão a ser denominados pela criatividade da doutrina e da jurisprudência de *paradigmas*, de *pilotos*, de *leading case*; esta última expressão pode ser traduzida como *caso ou causa liderante*, definida como a decisão que se constitui em regra a ser seguida em outros casos idênticos, presentes ou futuros.

Em norma complementar, dispõe o art. 12 do Ato n.º 491/2014, da Presidência do TST: "*Se, após receber os recursos de revista selecionados pelo Presidente ou Vice--Presidente do Tribunal Regional do Trabalho, não se proceder à sua afetação, o relator, no Tribunal Superior do Trabalho, comunicará o fato ao Presidente ou Vice-Presidente que os houver enviado, para que seja revogada a decisão de suspensão referida no art. 896-C, § 4.º, da CLT*". O que o Ato está a expressar é que se os recursos selecionados pelo Presidente ou Vice-Presidente do Tribunal Regional como representativos da controvérsia não forem assim reconhecidos, o relator, no TST, comunicará o fato ao Tribunal Regional, para que seja revogada a decisão pela qual o Presidente ou o Vice mandou suspender os mencionados processos. Devemos formular duas nótulas adicionais: a) se os recursos de revista selecionados no âmbito do Tribunal Regional ainda não se haviam submetido ao exame de admissibilidade *a quo*, o relator, no TST, não deverá apenas comunicar a não afetação desses recursos como repetitivos, mas devolver os correspondentes autos ao tribunal de origem, a fim de que seja revogada a suspensão desses processos e se proceda ao exame dos pressupostos de admissibilidade; b) embora o § 4.º do art. 896-C, da CLT, afirme competir ao *Presidente* do Tribunal Regional selecionar os recursos representativos da controvérsia, o art. 12 do Ato n.º 491/2014, da Presidência do TST, faz menção a fato de os recursos haverem sido selecionados pelo Presidente ou pelo *Vice-Presidente* do Tribunal Regional. A despeito dessa desarmonia sistêmica, nada há de ilegal no mencionado Ato, pois os regimentos internos dos Tribunais Regionais do Trabalho costumam delegar ao Vice-Presidente determinadas atribuições originalmente cometidas ao Presidente, como o exercício do juízo de admissibilidade de recursos de revista.

A parte não possui direito subjetivo à escolha do seu recurso como paradigma. Logo, não pode recorrer do ato do Presidente (ou do Vice-Presidente) do Tribunal Regional que *não* selecionar o seu recurso como representativo da controvérsia jurídica. Para sermos francos, serão muito raros os casos em que a parte terá interesse em ver o seu recurso incluso no rol dos selecionados como paradigmas, para efeito de julgamento de acordo com o procedimento dos recursos repetitivos. Do mesmo modo, conforme salientamos, não poderá recorrer porque o seu recurso *foi* selecionado para essa finalidade. O que à parte se faculta, nesse caso, é demonstrar que o seu recurso não contém matéria jurídica idêntica aos demais, que também foram selecionados, e pedir o prosseguimento da tramitação do correspondente processo. Se o requerimento por ela formulado for indeferido, poderá (agora, sim) interpor agravo dessa decisão, na forma prevista pela norma *interna corporis* do tribunal (Ato n.º 491/2014, art. 19, § 2.º). O requerimento da parte se justificaria em face do disposto no § 16, do art. 896-C, da CLT, de acordo com o qual a decisão exarada em recurso repetitivo não se aplica aos casos em que a situação de fato ou de direito é diversa da existente naquele recurso.

Na segunda edição deste livro, também afirmamos que mesmo na hipótese de vir a ser admitida a possibilidade de a parte postular a *inclusão* ou a *exclusão* do seu recurso de revista do elenco dos selecionados para servirem como paradigmas – com vistas ao julgamento pelo procedimento dos recursos repetitivos –, a decisão que viesse a ser proferida em relação a esse requerimento seria irrecorrível. Conforme acabamos de demonstrar, o Ato n.º 491/2014 admite a possibilidade de interposição do recurso de agravo no caso de o requerimento da parte, destinado a *excluir* o seu recurso do grupo dos selecionados, ser indeferido. Estamos de acordo com essa disposição, por ser justa.

> **"§ 5.º O relator no Tribunal Superior do Trabalho poderá determinar a suspensão dos recursos de revista ou de embargos que tenham como objeto controvérsia idêntica à do recurso afetado como repetitivo."**

COMENTÁRIO

Se o escopo da figura dos recursos repetitivos é a uniformização da interpretação do direito, não faria sentido que, no âmbito do próprio Tribunal que os julgará, continuassem a tramitar recursos contendo a mesma questão de direito. Por esse motivo, o relator, no TST, poderá determinar a suspensão dos recursos de revista e de embargos que tenham como cerne controvérsia jurídica idêntica à dos recursos afetados como repetitivos. Malgrado o legislador tenha empregado o verbo *poder*, por forma a indicar a presença de uma *faculdade do relator*, estamos serenamente convencidos de que, na prática, a suspensão dos recursos de revista ou de embargos – contendo matéria de direito idêntica à consubstanciada nos recursos afetados como repetitivos – *deve* ser determinada, a fim de que se cumpra o próprio escopo do incidente de recursos repetitivos, que é o de dirimir, de modo uniforme e massivo, a controvertida questão de direito. Na mesma trilha da literalidade do art. 896, § 5.º, da CLT, o art. 11, inciso II, do Ato n.º 491/2014 declara que o Ministro Relator (na SBDI ou no Tribunal Pleno) *poderá* determinar a suspensão dos recursos de revista ou de embargos que tenham como objeto controvérsia igual à dos recursos afetados como repetitivos.

Se o relator deixar de determinar a suspensão dos recursos de revista ou de embargos, a consequência é que tudo o mais que se seguir a isso poderá implicar dispêndio inútil de atividade jurisdicional na hipótese de a decisão proferida nesses recursos não coincidir com a tese fixada pelo TST no julgamento dos recursos afetados como representativos da controvérsia (CLT, art. 896-C, § 11, I).

Também aqui, a suspensão deverá perdurar até que o TST se pronuncie, em definitivo, sobre a *quaestio iuris* que dá conteúdo aos recursos afetados como repetitivos.

Sem que tenha havido pronunciamento definitivo do TST:

a) eventual julgamento dos recursos, pelos Tribunais Regionais, os fará nulos;

b) se os Tribunais Regionais encaminharem os recursos ao TST, sem os julgar, este Tribunal deverá ordenar a devolução dos respectivos autos aos Tribunais de origem, para que aguardem a decisão do incidente.

"§ 6.º O recurso repetitivo será distribuído a um dos Ministros membros da Seção Especializada ou do Tribunal Pleno e a um Ministro revisor."

COMENTÁRIO

Em que pese ao fato de o legislador haver empregado o vocábulo *recurso* no singular, é oportuno observar que, nos termos do § 1.º do art. 896-C, poderá ser selecionado *mais de um recurso* – o que será sempre ideal, como medida destinada a propiciar ao órgão julgador uma noção ampla da controvérsia jurídica ou da relevância da matéria. O art. 11, III, do Ato n.º 491/2014 limita a *dois* esses recursos, em relação a *cada* Tribunal Regional do Trabalho, e não ao *total* dos selecionados. Ainda que haja mais de um recurso repetitivo, todos eles deverão ser distribuídos ao mesmo Ministro relator, da Seção Especializada ou do Pleno, mediante compensação. De igual modo, dever-se-á proceder quanto ao revisor.

> **"§ 7.º O relator poderá solicitar, aos Tribunais Regionais do Trabalho, informações a respeito da controvérsia, a serem prestadas no prazo de 15 (quinze) dias."**

COMENTÁRIO

Reproduziu-se a norma do art. 543-C, § 3.º, do CPC.

Não raro, o exame do conteúdo dos recursos representativos da controvérsia sobre a questão de direito não é suficiente para fornecer ao relator, no TST, elementos para formar a sua convicção acerca de qual seja a melhor das teses contrastantes a ser adotada. Por isso, a norma legal faculta-lhe solicitar aos Tribunais Regionais informação sobre o tema controverso, suas origens, suas particularidades etc. O fornecimento dessa informação servirá para orientar não apenas o relator, mas o revisor e os demais Ministros do Colegiado ao qual competirá fixar a tese a ser observada.

De igual modo, também aqui será sempre conveniente que o relator estabeleça prazo para o envio das informações, cabendo lembrar, mais uma vez, que a Constituição Federal assegura a razoável duração do processo e os meios que garantam a celeridade da sua tramitação (art. 5.º, LXXVIII); e a fixação de prazos processuais está, de modo figadal, ligada a essas garantias constitucionais.

Se as informações não forem prestadas no prazo, a autoridade do TRT, que as deveria fornecer, poderá ser submetida ao poder censório do Ministro Corregedor-Geral da Justiça do Trabalho.

Além de o relator poder solicitar informações aos Tribunais Regionais do Trabalho, ser-lhe-á facultado, para efeito de instruir o procedimento, ouvir depoimentos de pessoas com experiência e conhecimento da matéria, designando, para essa finalidade, audiência pública (Ato n.º 491/2014, art. 16).

O fato de o relator ouvir o depoimento das pessoas mencionadas neste parágrafo não impede que ele admita as pessoas a que se refere o parágrafo seguinte, que comentaremos a seguir.

> **"§ 8.º O relator poderá admitir manifestação de pessoa,** órgão **ou entidade com interesse na controvérsia, inclusive como assistente simples, na forma da Lei n.º 5.869, de 11 de janeiro de 1973 (Código de Processo Civil)."**

COMENTÁRIO

Integra o elenco das faculdades processuais do relator admitir a manifestação de pessoa, órgão ou entidade interessada na controvérsia, inclusive na qualidade formal de assistente simples. Parece-nos que a admissão desses terceiros só se justifica quando houver *relevância da matéria* pela qual possuam *interesse.* O § 4.º do art. 543-C, do CPC, faz expressa alusão a essa relevância.

Podemos concluir, portanto, serem dois os requisitos para admitir-se essa manifestação de terceiros:

a) interesse na causa;

b) relevância da matéria controversa.

A expressão legal "com interesse na controvérsia" deve ser entendida não apenas do ponto de vista pragmático, como *com interesse no resultado do julgamento*, mas, também, como sendo exclusivamente *jurídico* esse interesse. E, como dissemos, embora a norma legal se refira à *controvérsia*, o incidente de recursos repetitivos pode também ter como núcleo *matéria relevante*, ainda que sobre ela não haja controvérsia (CLT, art. 896-C, *caput*).

No sistema do processo civil, tais pessoas, órgãos ou entidades atuarão na qualidade de *amicus curiae* (amigo da Corte), que consiste numa espécie de intromissão anômala ou *sui generis* em processo alheio. Não se trata das figuras processuais específicas da *assistência*, nem da *intervenção.*

Os poderes processuais do *amicus curiae,* de modo geral, se resumem à sustentação oral e à elaboração de memoriais, conquanto o regimento interno do tribunal possa acrescentar outros, desde que não ultrapassem os limites da razoabilidade. O projeto do futuro CPC dispõe, no § 2.º do art. 138, que "*Caberá ao juiz ou relator, na decisão que solicitar ou admitir a intervenção, definir os poderes do amicus curiae*". Melhor teria sido que o projeto definisse quais seriam esses poderes, pois a transferência dessa definição ao prudente arbítrio dos magistrados poderá fazer com que não haja uniformidade de critérios, a infundir insegurança jurídica àqueles que desejam intervir na qualidade de *amigo da Corte.*

O § 8.º do art. 896-C, da CLT, amplia essa forma de imiscuição em causa alheia, permitindo que se dê também sob a forma de *assistência simples* (CPC, art. 50). O assistente simples atuará como auxiliar do assistido, recebendo os mesmos poderes e sujeitando-se a idênticos ônus processuais (CPC, art. 52). Essa norma do CPC contém uma impropriedade técnica, pois assevera que o assistente (simples) atuará como auxiliar da *parte principal*, a insinuar, com isso, que o assistente se torna *parte* no processo em que intervém. *Parte* é o elemento fragmentário de um todo, que, no processo, é a lide, caracterizada por uma pretensão resistida e insatisfeita, segundo a doutrina carneluttiana. O assistente não é parte na lide, por mais que nela possua interesse. Em rigor, nem mesmo o assistente litisconsorcial (CPC, art. 54) pode ser considerado parte, pois não lhe é dado formular *pedidos.*

O interesse do assistente deve ser jurídico e não econômico (TST, Súmula n.º 82). O procedimento para a admissão do assistente é traçado pelo art. 51, do CPC:

a) se não houver impugnação no prazo de cinco dias, o requerimento do assistente será deferido;

b) havendo impugnação por qualquer das partes – sob a alegação de que o assistente carece de interesse jurídico –, o juiz: 1) sem suspender o processo, determinará o desentranhamento da petição e da impugnação, para serem autuadas em apenso (I); 2) autorizará a produção de provas (II): 3) decidirá em cinco dias (III).

A decisão, por ser interlocutória, será irrecorrível (CLT, art. 893, § 1.º), embora comporte a impetração de mandado de segurança se a pessoa demonstrar, por meio de documentos, a existência de direito "líquido e certo" (interesse jurídico) em intervir como assistente de uma das partes.

Tema aberto a discussão se refere à possibilidade de *a parte* que teve o seu recurso de revista suspenso, por envolver questão de direito idêntica à dos recursos selecionados como paradigmas, intervir nos processos paradigmas, na qualidade de *amicus curiae* ou de assistente simples. Cremos que possa ser admitido tanto numa qualidade como noutra, apesar do caráter *sui generis* dessa intervenção. A circunstância de ela, por acaso, haver recorrido (Ato n.º 491/2014, art. 19, § 2.º), sem sucesso, da decisão que não excluiu o seu recurso do grupo dos selecionados como representativos da controvérsia ou da matéria relevante, não a impede de atuar como *amicus curiae* ou como assistente simples. O que variará serão os poderes e faculdades de um e de outro. Como *amicus curiae* os seus poderes se resumem, basicamente, segundo salientamos, à elaboração de memoriais e à sustentação oral; como assistente simples, atuará como auxiliar do assistido, exercendo os mesmos poderes deste e sujeitando-se, em contrapartida, aos mesmos ônus processuais (CPC, art. 52). O procedimento para a admissão do assistente é traçado pelo art. 51, do CPC. Esse procedimento se torna um elemento perturbador da celeridade processual quando qualquer das partes alega que o assistente não possui interesse jurídico para intervir nos autos (*ibidem*). Quanto ao *amicus curiae*, a sua admissão poderá ser normatizada pelo Regimento Interno do TST.

O Regimento Interno do Tribunal poderá também prever, se for o caso, a interposição de recurso (*e. g.*, agravo regimental) da decisão do relator que admitir ou rejeitar a intromissão do *amicus curiae* ou do assistente simples na causa, ainda que para os efeitos estritos do incidente de recursos repetitivos.

O projeto do futuro CPC atribui legitimidade ao *amicus curiae* para oferecer embargos de declaração (art. 138, § 1.º). Entendemos que essa faculdade está restrita à decisão sobre o pedido de intervenção do *amicus curiae*. Não sendo este parte na causa, não pode recorrer da sentença ou do acórdão pertinente ao conflito de interesses, ou seja, à lide – e os embargos declaratórios, sob a perspectiva da lei (CPC, art. 496, IV), constituem modalidade de recurso. O sobredito projeto autoriza, todavia, o *amicus curiae* a recorrer da decisão que julgar o incidente de resolução de demandas repetitivas (*ibidem*, § 3.º).

"§ 9.º Recebidas as informações e, se for o caso, após cumprido o disposto no § 7.º deste artigo, terá vista o Ministério Público pelo prazo de 15 (quinze) dias."

COMENTÁRIO

A norma em estudo foi inspirada § 5.º do art. 543-C, do CPC. Este dispõe que, após serem recebidas as informações prestadas pelos tribunais a que se refere, e cumprido o constante do § 4.º, o Ministério Público terá vista dos autos pelo prazo de quinze dias. O § 4.º, a que faz menção o art. 543-C, do estatuto processual civil, concerne à admissão de terceiros que possuam interesse na controvérsia.

O § 9.º do art. 896-C, da CLT – que, repitamos, se inspirou no § 5.º, do art. 543-C, do CPC –, entretanto, faz referência ao § 7.º do mesmo artigo da CLT, que se ocupa da solicitação de informações aos Tribunais Regionais do Trabalho sobre a controvérsia. A remissão não é, portanto, ao § 8.º, que trata da admissão de terceiros interessados.

Há algo de enigmático nisso, pois não se sabe ao certo se a intenção do legislador trabalhista foi conceder prazo ao Ministério Público: a) após a solicitação das informações aos Tribunais Regionais do Trabalho (prazo de quinze dias), afastando-se, assim, do procedimento traçado pelo CPC; ou b) como fez o processo civil, após a manifestação de pessoas, órgãos ou entidades interessadas na questão jurídica controversa, de tal modo que a menção efetuada pelo § 9.º art. 896-C, da CLT e deveria ser ao § 8.º não ao 7.º do mesmo artigo.

Essa situação pode fazer gerar desentendimentos interpretativos, que tenderão a entravar o procedimento dos recursos repetitivos. Seria o caso de imitarmos a jovem princesa da China, *Turandot*, na ópera de Giacommo Puccini, que, preocupada em descobrir o nome do jovem com quem prometera casar-se a contragosto, emite uma ordem dramática a todos os seus ministros e demais súditos para que, com urgência, descubram esse nome antes do amanhecer: "*Nessum dorma!* "*Nessum dorma!*" (Ninguém durma! Ninguém durma!).

Pela nossa parte, entendemos que a referência do § 9.º do art. 896-C, da CLT, deve ser interpretada como dirigida aos §§ 7.º e 8.º do mesmo artigo, de tal arte que o Ministério Público do Trabalho terá vista, pelo prazo de quinze dias, após o decurso do prazo: a) de quinze dias, para que os Tribunais Regionais enviem informações sobre a controvérsia jurídica; b) a ser fixado pelo Tribunal, para que pessoas, órgãos ou entidades com interesse na controvérsia se habilitem os autos.

O art. 11, IV, do Ato n.º 491/2014, da Presidência do TST, pouco esclarecedor no particular, limita-se a dispor que o Relator "***poderá** conceder vista ao Ministério Público e às partes, nos termos e para os efeitos do § 9.º do art. 896-C da CLT*" (destacamos). Um reparo: no que toca ao Ministério Público, a concessão de vista dos autos não constitui *faculdade* do Relator, senão *dever* deste, por força do estatuído no precitado artigo da CLT.

> "**§ 10. Transcorrido o prazo para o Ministério Público e remetida cópia do relatório aos demais Ministros, o processo será incluído em pauta na Seção Especializada ou no Tribunal Pleno, devendo ser julgado com preferência sobre os demais feitos.**"

COMENTÁRIO

Decorrido o prazo de quinze dias, com a manifestação do Ministério Público, ou sem ela, e depois de remetidas cópias do relatório aos demais Ministros, o processo será incluído em pauta na Seção Especializada ou no Tribunal Pleno, para ser apreciada a controvérsia.

O preceito também declara que o julgamento do incidente será realizado "*com preferência sobre os demais feitos*". O § 6.º do art. 543-C, do CPC, contém regra semelhante, embora aqui se ressalve a preferência dos casos que envolvam réu preso e os pedidos de *habeas corpus*. O mencionado normativo do CPC foi produto da Lei n.º 11.672/2008; sucede que a Lei n.º 12.008/2009 – que é posterior – inseriu no CPC o art. 1.211-A, dispondo que terão prioridade de tramitação em todos os graus de jurisdição os feitos em que figure como parte pessoa com idade igual ou superior a sessenta anos, ou portadora de doença grave. Conquanto a Lei n.º 13.015/2014 seja mais recente do que a de n.º 12.008/2009, e ao falar da preferência no julgamento do incidente de recursos repetitivos não estabeleça nenhuma ressalva, a prioridade deve ser da pessoa que tenha sessenta anos de idade ou mais ou seja portadora de doença grave – desde que figure no processo como parte ou interveniente –, *ex vi* de norma legal específica, qual seja a Lei n.º 10.741, de 1.º de outubro de 2003, que instituiu o Estatuto do Idoso (art. 71).

Ao realizar o julgamento, será defeso ao órgão competente decidir, para os fins do art. 896-C, da CLT, questão não delimitada na decisão de afetação, conforme adverte o art. 13 do Ato n.º 491/2014.

O mesmo Ato, conforme já realçamos, tendo em conta o disposto no art. 5.º, LXXVIII, da CF, estabelece, no art. 14, que os recursos afetados deverão ser julgados no prazo (máximo) de um ano, tendo preferência sobre os demais. Não cremos que, na prática, esse prazo venha a ser respeitado à risca; provavelmente, veremos, mais uma vez, ser brandida a vetusta justificativa do "excesso de serviço". O que não deixa de ser verdade.

"**§ 11. Publicado o acórdão do Tribunal Superior do Trabalho, os recursos de revista sobrestados na origem:**

I – terão seguimento denegado na hipótese de o acórdão recorrido coincidir com a orientação a respeito da matéria no Tribunal Superior do Trabalho; ou

II – serão novamente examinados pelo Tribunal de origem na hipótese de o acórdão recorrido divergir da orientação do Tribunal Superior do Trabalho a respeito da matéria."

COMENTÁRIO

O parágrafo em análise constitui reprodução, quase literal, do § 7.º do art. 543-C, do CPC, e contém, a nosso ver, a mesma impropriedade técnica, representada pela expressão: "*publicado o acórdão*". Ora, se, nos termos do § 3.º do art.

896-C, da CLT, a suspensão dos recursos contendo a mesma questão de direito que assinala o recurso paradigma deve perdurar até o pronunciamento *definitivo* do TST, é evidente que essa *definitividade* não se configura com a simples publicação do acórdão do TST, e sim, com seu trânsito em julgado. Afinal, pode ocorrer de o referido aresto vir a ser objeto de embargos de declaração, inclusive com efeito infringente (modificativo), ou de algum recurso cabível que o reforme.

Dispõe o art. 17, do Ato n.º 491/2014 que

> *"O conteúdo do acórdão paradigma abrangerá a análise de todos os fundamentos suscitados à tese jurídica discutida, favoráveis ou contrários."*

Competirá ao Presidente do TST expedir ou mandar expedir ofício aos Tribunais Regionais do Trabalho, dando-lhes ciência do resultado do julgamento – e do trânsito em julgado, completamos. O ofício deverá ser instruído com cópia do acórdão pertinente ao julgamento dos recursos repetitivos.

Recebido o ofício pelo Tribunal de origem, este deverá adotar uma destas duas providências, em relação aos processos que se encontravam suspensos:

a) se o acórdão recorrido coincidir com a orientação do TST a respeito da matéria, não admitir os recursos sobrestados;

b) se o acórdão recorrido divergir da orientação do TST, examinar, novamente, os recursos.

Na segunda edição deste livro escrevemos:

> "No respeitante à solução mencionada na letra 'a', surge uma dúvida: a decisão do Presidente do Tribunal Regional, que não admitir os recursos de revista, será recorrível? A Corte Especial, do STJ, apreciando a Questão de Ordem no AG n.º 1.154.599/SP, de relatoria do Ministro Cesar Asfor Rocha (DJ de 12-5-2011), decidiu pelo não cabimento de agravo de instrumento contra decisão que nega seguimento ao recurso especial, com fundamento no art. 543-C, § 7.º, inciso I, do CPC. Embora o assunto tenda a ser polêmico, no âmbito da Justiça do Trabalho, julgamos que será cabível o agravo de instrumento (CLT, art. 897, 'b'), pois a decisão final, em tema de juízo de admissibilidade, cabe ao TST. Devemos lembrar que o recorrente poderá ter interesse em demonstrar, perante o TST, por exemplo, que o seu recurso não contém matéria idêntica ao que foi selecionado para submeter-se ao procedimento dos recursos repetitivos; logo, não poderia nem mesmo ter sido suspenso. Uma das maneiras de não se admitir a possibilidade de interposição de agravo de instrumento seria se se concedesse à parte, muito antes, outra modalidade de recurso (*v. g.*, agravo regimental) para impugnar a decisão do Presidente do Tribunal de origem que incluiu o recurso no grupo dos que foram suspensos até o pronunciamento do TST sobre o recurso paradigma (CLT, art. 896-C, § 3.º)."

Tal seja. O Ato n.º 491/2014, publicado ulteriormente à edição do livro, dispôs, no art. 19, que à parte será facultado requerer o prosseguimento do seu processo se demonstrar que a questão de direito contida nesse processo é diversa da consubstanciada nos processos selecionados como paradigmas (representativos da controvérsia), declarando, o § 2.º desse Ato, que "*Da decisão caberá agravo, nos termos do Regimento Interno dos respectivos Tribunais*". Diante disso, parece-nos não ser interponível agravo de instrumento da decisão monocrática que não admitir o recurso de revista, na forma do § 11, I, do art. 896-C, da CLT, porquanto – salvo exceções – estaria configurada a preclusão.

Na mesma edição asseveramos:

> "Relativamente à alínea 'b', devemos esclarecer que a expressão legal 'serão novamente examinados' (os recursos que haviam sido suspensos) significa, em primeiro lugar, que esses recursos são o ordinário ou o agravo de petição, ou outro, da competência do Tribunal Regional, cujo julgamento realizado deu origem ao recurso de revista sobrestado; em segundo, que esses recursos serão outra vez *julgados* pelo mesmo órgão fracionário (Turma, por exemplo) do Tribunal Regional, que havia realizado o julgamento anterior. Observe-se que a norma legal em exame faz referência, em seu § 12, à hipótese de ser 'mantida a *decisão divergente* pelo Tribunal de origem' (destacamos). A *decisão divergente*, no caso, é a materializada no acórdão recorrido, proferido nos autos do recurso ordinário, do agravo de petição, etc. A possibilidade de um novo julgamento desses recursos pode causar certa estranheza, máxime diante do art. 463, do CPC, conforme o qual, após publicar a sentença (leia-se: acórdão), o juiz somente a poderá alterar para corrigir-lhe inexatidões materiais ou retificar-lhe erro de escrita, ou em virtude de embargos declaratórios. Entenda-se como se desejar entender, mas o fato é que o Tribunal de origem deverá julgar, novamente, os recursos sobrestados, numa espécie *sui generis* de juízo de reconsideração ou de retratação; e, se mantiver a decisão divergente, o Presidente ou Vice-Presidente do mesmo Tribunal fará o exame da admissibilidade (agora, sim) do recurso de revista."

E concluímos:

> "Vê-se, portanto, que o legislador cometeu, no § 11, II, um deslize técnico ao dispor que os recursos *de revista* sobrestados serão, novamente, *examinados*; na verdade, serão outra vez *julgados* – desta feita, à luz do decidido em sede de recursos repetitivos – *os recursos que deram origem ao de revista*. O novo julgamento será, portanto, do recurso ordinário, do de agravo de petição, ou de outro, cujo julgamento pretérito deu ensejo à interposição do recurso de revista (este, sim), suspenso. Seria de luminosidade ofuscante a incompetência do Tribunal Regional para julgar o recurso de revista."

Essa nossa interpretação foi consagrada pelo Ato n.º 491/2014, da Presidência do TST. Com efeito, dispõe o art. 21, desse Ato, que, publicado o acórdão resolutivo do incidente (a que denomina de paradigma): "II – ***o** órgão **que proferiu o acórdão recorrido, na origem, reexaminará a causa de competência originária ou recurso anteriormente julgado,** na hipótese de o acórdão recorrido contrariar a orientação do Tribunal Superior do Trabalho*" (destacamos). Na verdade, o sobredito Ato inspirou-se no art. 1.053, do projeto do futuro CPC, assim redigido:

> "*Publicado o acórdão paradigma: I – (...); II – o* órgão *que proferiu o acórdão recorrido, na origem, reexaminará a causa de competência originária, a remessa necessária ou o recurso anteriormente julgado, na hipótese de o acórdão recorrido contrariar a orientação do tribunal superior.*"

O art. 20 do Ato n.º 491/2014 determina que:

> *"Decidido o recurso representativo da controvérsia, os* órgãos *jurisdicionais respectivos declararão prejudicados os demais recursos versando sobre idêntica controvérsia ou os decidirão aplicando a tese."*

Essa norma nos parece desnecessária, em face do disposto no artigo subsequente, 21.

O Ato n.º 491/2014 estabelece, no inciso I do art. 21, que o Presidente ou Vice-Presidente do Tribunal de origem não admitirá os recursos de revista suspensos se o acórdão recorrido coincidir com a orientação do TST; e, no inciso III, que os processos suspensos em primeiro e segundo graus de jurisdição voltarão a tramitar para julgamento e aplicação da tese firmada pelo TST. Neste último caso, houve reprodução literal do disposto no art. 1.053, III, do projeto do futuro CPC:

> "*os processos suspensos em primeiro e segundo graus de jurisdição retomarão o curso para julgamento e aplicação da tese firmada pelo Tribunal Superior.*"

O precitado Ato afirma, ainda, no art. 21:

> "*§ 1.º Para fundamentar a decisão de manutenção do entendimento, o* órgão *que proferiu o acórdão recorrido demonstrará fundamentadamente a existência de distinção, por se tratar de caso particularizado por hipótese fática distinta ou questão jurídica não examinada, a impor solução jurídica diversa.*
>
> *§ 2.º Mantido o acórdão divergente pelo Tribunal de origem, o recurso de revista será remetido ao Tribunal Superior do Trabalho, após novo exame de sua admissibilidade pelo Presidente ou Vice-Presidente do Tribunal Regional.*
>
> *§ 3.º Realizado o juízo de retratação, com alteração do acórdão divergente, o Tribunal de origem, se for o caso, decidirá as demais questões ainda não decididas, cujo enfrentamento se tornou necessário em decorrência da alteração.*

§ 4.º Quando for alterado o acórdão divergente na forma do parágrafo anterior e o recurso versar sobre outras questões, caberá ao Presidente do Tribunal Regional, depois do reexame pelo órgão de origem e independentemente de ratificação do recurso ou juízo de admissibilidade, determinar a remessa do recurso ao Tribunal Superior do Trabalho para julgamento das demais questões."

Os recursos de revista, versando sobre questão conflitante com a dos paradigmas, que forem interpostos após o julgamento destes, poderão ser remetidos ao juízo de reconsideração, submetendo-se ao juízo de admissibilidade, que deverá ser negativo (CLT, art. 896, § 11, I).

O texto legal em exame cogita da repercussão do resultado do julgamento dos recursos paradigmas nos recursos que se encontravam suspensos; cabem, porém, algumas indagações: se os recursos paradigmas não forem julgados, por não terem sido admitidos, o que se passará com os recursos suspensos? O incidente dos recursos repetitivos ficará prejudicado? Vamos por partes, e respondamos na ordem inversa das perguntas. Pois bem. Em primeiro lugar, o incidente não poderá ficar prejudicado; em segundo, se assim ocorresse, deixaria sem solução o julgamento conjunto dos demais recursos substancialmente vinculados à mesma questão de direito, que se encontravam suspensos. Desse modo, o que se deverá fazer é selecionar novos recursos paradigmas, para que se possa atingir o objetivo do art. 896-C, da CLT. Se vários recursos houverem sido selecionados como paradigmas, a particularidade de um deles não ser admitido não prejudicará, à evidência, o incidente.

Uma nótula elucidativa: pode acontecer de o Tribunal Regional verificar que um dos recursos suspensos não contém questão jurídica idêntica à dos recursos paradigmas. Houve, pois, equívoco quanto a essa suspensão. É o *distinguishing*, ou seja, a distinção entre as matérias que consubstanciam ambos os recursos. Diante disso, o Tribunal não aplicará ao recurso que havia sido suspenso a decisão exarada no julgamento dos recursos paradigmas (CLT, art. 896-C, § 16).

"§ 12. Na hipótese prevista no inciso II do § 11 deste artigo, mantida a decisão divergente pelo Tribunal de origem, far-se-á o exame de admissibilidade do recurso de revista."

COMENTÁRIO

Se o Tribunal de origem mantiver o acórdão divergente, proceder-se-á ao exame da admissibilidade do recurso de revista.

O parágrafo em estudo é reprodução, praticamente literal, do § 8.º do art. 543-C, do CPC.

Vimos, no estudo do parágrafo anterior, que se o entendimento do TST, no julgamento dos recursos de revista afetados, divergir da conclusão estampada no acórdão recorrido, o Tribunal Regional do Trabalho deverá julgar, outra vez, os recursos (ordinários, agravo de petição etc.) que havia mandado suspender e que originaram os de revista.

Se o novo julgamento amoldar-se à decisão do TST, o recurso de revista ficará prejudicado, particularidade que fará com que surja para a *parte contrária* o interesse de interpor recurso de revista do novo acórdão.

Caso o novo julgamento não coincida com o realizado pelo TST ("mantida a decisão divergente", diz a norma legal), caberá ao Presidente ou Vice-Presidente do Tribunal Regional proceder ao exame da admissibilidade do recurso de revista. Se não for admitido, o recorrente poderá interpor agravo de instrumento; sendo admitido, o TST poderá negar-lhe admissão, uma vez que o juízo de admissibilidade *a quo* não vincula o *ad quem*.

"§ 13. **Caso a questão afetada e julgada sob o rito dos recursos repetitivos também contenha questão constitucional, a decisão proferida pelo Tribunal Pleno não obstará o conhecimento de eventuais recursos extraordinários sobre a questão constitucional.**"

COMENTÁRIO

Pode ocorrer de a questão de direito afetada e apreciada pelo procedimento dos recursos repetitivos envolver matéria constitucional. Nesse caso, a decisão proferida pelo Tribunal Pleno não prejudicará a admissibilidade de recursos extraordinários tendo como centro a matéria constitucional – desde que, por certo, estejam presentes os correspondentes pressupostos subjetivos e objetivos, especialmente, no tocante aos últimos, o da repercussão geral (CF, art. 102, § 3.º).

"§ 14. **Aos recursos extraordinários interpostos perante o Tribunal Superior do Trabalho será aplicado o procedimento previsto no art. 543-B da Lei n.º 5.869, de 11 de janeiro de 1973 (Código de Processo Civil), cabendo ao Presidente do Tribunal Superior do Trabalho selecionar um ou mais recursos representativos da controvérsia e encaminhá-los ao Supremo Tribunal Federal, sobrestando os demais até o pronunciamento definitivo da Corte, na forma do § 1.º do art. 543-B da Lei n.º 5.869, de 11 de janeiro de 1973 (Código de Processo Civil).**"

COMENTÁRIO

No caso de recurso extraordinário interposto no TST, será observado o procedimento estabelecido pelo artigo 543-B, do CPC. Cumprirá ao Presidente do TST selecionar um ou mais recursos paradigmáticos da controvérsia sobre a *quaestio iuris*, encaminhando-os ao STF e suspender os demais recursos dessa espécie, até que haja pronunciamento definitivo da Suprema Corte. Para fins do sobrestamento, poderá expedir ofícios aos Presidentes dos Tribunais Regionais, bem como aos

Presidentes das Turmas e da Seção Especializada em Dissídios Individuais do próprio TST (art. 896-C, § 15, da CLT).

Não sendo reconhecida a existência de repercussão geral, os recursos suspensos serão considerados, de modo automático, não admitidos, vale dizer, prescindirão de qualquer pronunciamento judicial nesse sentido (CPC, art. 543-B, § 2.º).

Sendo julgado o mérito do recurso extraordinário, os recursos sobrestados deverão ser apreciados pelos Tribunais, Turmas de Uniformização ou Turmas Recursais, facultando-lhes declarar prejudicados os recursos ou retratar-se (*ibidem*, § 3.º).

Mantida a decisão e admitido o recurso, o STF poderá, nos termos do Regimento Interno, cassar ou reformar, *in limine*, o acórdão contrário à orientação firmada (*ibidem*, § 4.º).

Caberá, por fim, ao STF comunicar aos Tribunais *a quo* para que arquivem os autos dos recursos suspensos. Esse arquivamento deverá ser certificado nos autos, dando-se ciência às partes.

> **"§ 15. O Presidente do Tribunal Superior do Trabalho poderá oficiar os Tribunais Regionais do Trabalho e os Presidentes das Turmas e da Seção Especializada do Tribunal para que suspendam os processos idênticos aos selecionados como recursos representativos da controvérsia e encaminhados ao Supremo Tribunal Federal, até o seu pronunciamento definitivo."**

COMENTÁRIO

A norma faculta ao Presidente do TST expedir ofícios aos Tribunais Regionais do Trabalho e aos Presidentes das Turmas e da Seção Especializada para que sobrestem os processos de recurso extraordinário contendo matéria idêntica à dos selecionados como representativos da controvérsia e remetidos ao STF, até que sobrevenha o pronunciamento definitivo da Suprema Corte.

O procedimento assemelha-se ao traçado pelo § 3.º do mesmo artigo, que dispõe sobre os recursos de revista.

Conforme salientamos, a expedição de ofícios, com essa finalidade, traduz uma *faculdade*, não um dever, do Presidente do TST. Será sempre aconselhável que os expeça.

Repisemos: julgado o mérito do recurso extraordinário, os recursos suspensos serão apreciados pelos Tribunais, Turmas, Turmas de Uniformização ou Turmas Recursais, que poderão adotar uma destas atitudes, conforme seja o caso: a) declarar prejudicados esses recursos; ou b) retratar-se, vale dizer, exercer o juízo de reconsideração (CPC, art. 543-B, § 3.º).

Sendo mantida a decisão e admitido o recurso extraordinário, o Supremo Tribunal Federal poderá, na forma do seu Regimento Interno, cassar ou reformar, *de plano*, o acórdão divergente da orientação firmada (*ibidem*, § 4.º).

"§ 16. A decisão firmada em recurso repetitivo não será aplicada aos casos em que se demonstrar que a situação de fato ou de direito é distinta das presentes no processo julgado sob o rito dos recursos repetitivos."

COMENTÁRIO

O pressuposto legal para que se adote o procedimento dos recursos repetitivos é a existência, entre eles, de idêntica questão de direito. Desse modo, se ficar demonstrado que, em determinado caso, essa *quaestio iuris* é diversa da existente nos processos julgados sob o mencionado procedimento a decisão não será aplicada a tal caso (processo).

Não haverá aqui, portanto, a indispensável simetria temática. Trata-se do *distinguishing* (quando o caso concreto apresenta determinadas singularidades que não permitem a aplicação da jurisprudência do tribunal ou do decidido no incidente de recursos repetitivos).

Conquanto a parte possa ter recorrido, sem êxito, da decisão pela qual o relator indeferiu o requerimento de continuidade do seu processo (Ato n.º 491/2014, art. 19, § 2.º), que havia sido suspenso, isso não constituirá óbice à incidência do § 16 do art. 896, da CLT.

Num primeiro lançar de olhos, é estranhável a referência que a norma faz à situação *de fato*, sabendo-se que os recursos de revista não se prestam à revisão de questões factuais (TST, Súmula n.º 126). Mesmo que se cuide de recurso ordinário, de agravo de petição, ou de causa da competência originária dos Tribunais Regionais, a alusão do texto legal à matéria factual tende a causar certa perplexidade, considerando que o incidente de recursos repetitivos somente pode ter como objeto *questão de direito* como evidencia o *caput* do art. 896-C, da CLT. Os fatos, no caso, são aqueles sobre os quais incide a *quaestio iuris*. Não se trata, portanto, de fatos *puros*, senão que de fatos vinculados à norma legal.

"§ 17. Caberá revisão da decisão firmada em julgamento de recursos repetitivos quando se alterar a situação econômica, social ou jurídica, caso em que será respeitada a segurança jurídica das relações firmadas sob a égide da decisão anterior, podendo o Tribunal Superior do Trabalho modular os efeitos da decisão que a tenha alterado."

COMENTÁRIO

Pode ocorrer de a tese fixada pelo Tribunal Superior do Trabalho, no julgamento de recursos de revista repetitivos, não ser a melhor; já dissemos que esse é um risco inerente a todo pronunciamento jurisdicional massivo e uniformizador. A tese, contudo, pode ser modificada quando se alterar a situação econômica, social ou jurídica existente ao tempo em que foi adotada (CLT, art. 896-C, § 17). É a figura do *overruling* (mudança de regra).

O entendimento firmado na apreciação de recursos repetitivos, portanto, não é imutável, o que não significa que possa ser alterado a qualquer momento e a bel-prazer dos magistrados que julgaram os recursos paradigmas ou que passaram a integrar o TST. Do ponto de vista estritamente legal, o entendimento somente pode ser revisto se houver alteração da situação econômica, social ou jurídica que o motivou. Logo, *a contrario sensu*, não poderá ser modificado, por exemplo, porque a composição do Tribunal já não é a mesma ou porque os magistrados resolveram refletir com maior profundidade sobre a questão jurídica anteriormente apreciada. Fosse admissível a alteração do entendimento em casos como tais, a segurança jurídica e o interesse social ficariam gravemente comprometidos.

Podemos asseverar, portanto, que a possibilidade de revisão da decisão exarada no julgamento de recursos de revista repetitivos está, com rigidez, adstrita à previsão da lei, de tal modo que, fora dos casos nela mencionados, o ato revisório será irregular – para dizermos o menos. Tida como correta a nossa opinião, não podemos deixar de reconhecer a possibilidade de advir uma situação algo surrealista: todos os membros do Tribunal que julgou o incidente acabarem mudando o entendimento sobre a *quaestio iuris* (sem manifestarem nos autos a nova posição), mas, apesar disso, estarem obrigados a acatar a tese por eles próprios consagrada no julgamento feito no passado. Esses magistrados seriam, por assim dizer, reféns de um pensamento que já abandonaram.

Desde que seja legalmente possível a revisão da tese fixada, e com o objetivo de preservar a segurança jurídica dos jurisdicionados, estabelecida ao tempo em que foi adotado o pensamento original, o TST poderá *modular* os efeitos do novo entendimento. Em rigor, nessas situações, cremos que a modulação não deveria consistir em uma faculdade do TST, senão que em um dever. Vista como faculdade, a modulação, a sua ausência poderia causar danos à segurança jurídica das relações estabelecidas sob a égide da decisão anterior, ou ao interesse social.

A figura da *modulação* surgiu com a Lei n.º 9.868, de 1999, em sede de controle concentrado da constitucionalidade das leis e dos atos normativos do Poder Público. Dispõe o art. 27 dessa norma legal:

> *"Art. 27. Ao declarar a inconstitucionalidade de lei ou ato normativo, e tendo em vista razões de segurança jurídica ou de excepcional interesse social, poderá o Supremo Tribunal Federal, por maioria de dois terços de seus membros, restringir os efeitos daquela declaração ou decidir que ela só tenha eficácia a partir de seu trânsito em julgado* ***ou de outro momento que venha a ser fixado****"* (destacamos).

Em nosso sistema jurídico, a lei declarada inconstitucional é nula, vale dizer, é destituída de aptidão para produzir efeitos jurídicos válidos. Por esse motivo, em princípio, a declaração de inconstitucionalidade possui efeito retroativo (*ex tunc*), apanhando a norma legal em seu nascedouro e tornando inválidos todos os atos praticados com fundamento nela. Considerando que essa consequência da pronúncia jurisdicional de inconstitucionalidade poderia gerar uma situação juridicamente caótica em relação aos fatos passados, e infundir uma profunda insegurança jurídica no espírito dos jurisdicionados, a jurisprudência do STF passou a modular os efeitos da declaração, ou seja, a decidir que ela somente teria eficácia a partir de certo momento – que poderia ser o da própria declaração. Essa prática do STF foi consagrada pela Lei n.º 9.868/1999, conforme afirmamos.

A Lei n.º 13.015/2014, seguindo essa linha de orientação, e invocando o respeito às relações jurídicas anteriormente estabelecidas, permite ao TST modular os efeitos da decisão pela qual venha a alterar o antigo entendimento da Corte, expresso na resolução do incidente de recursos repetitivos.

Isso está a significar, por exemplo, que o TST poderá declarar que o seu novo entendimento sobre a *quaestio iuris* será aplicável somente a partir de determinada data. O mesmo procedimento, aliás, o TST poderia adotar, *sponte propria*, quando modificasse o enunciado de suas súmulas, pois a modulação, também nesse caso, atenderia ao imarcescível anseio de segurança jurídica, que se aninha no coração e no espírito dos jurisdicionados que povoam o nosso Estado Democrático de Direito. Fica a sugestão.

Pensamos que a revisão da decisão a que se refere o parágrafo em estudo deverá obedecer, por analogia, ao procedimento traçado pelo *caput* do art. 896-C, da CLT, de tal forma que: a) deve provir de requerimento de um dos Ministros integrantes da Seção Especializada do TST; b) o requerimento deve ser aprovado por decisão da maioria simples dos membros dessa Seção.

De resto, o art. 22 do Ato n.º 491/2014 declara que o TST

> "*deverá manter e dar publicidade* às *questões de direito objeto dos recursos repetitivos já julgados, pendentes de julgamento ou já reputadas sem relevância, bem como daquelas objeto das decisões proferidas nos termos do § 13 do art. 896 da CLT.*"

Essa determinação visa a atribuir publicidade às questões de direito contidas nos recursos repetitivos: a) já julgados; b) pendentes de julgamento; ou c) cujas matérias tenham sido reputadas irrelevantes. O Ato também ordena que o TST dê publicidade às decisões emitidas nos termos do enigmático § 13, do art. 896, da CLT, que se refere ao *incidente de uniformização de jurisprudência*. A *publicidade*, por sua vez, se destina a propiciar aos jurisdicionados, a um só tempo, orientação e segurança jurídicas. Essa publicidade terá como um dos seus veículos, por suposto, a página do TST na internet.

INCIDENTE DE RECURSOS DE REVISTA REPETITIVOS (CLT, art. 896-C)

Professor Manoel Antonio Teixeira Filho

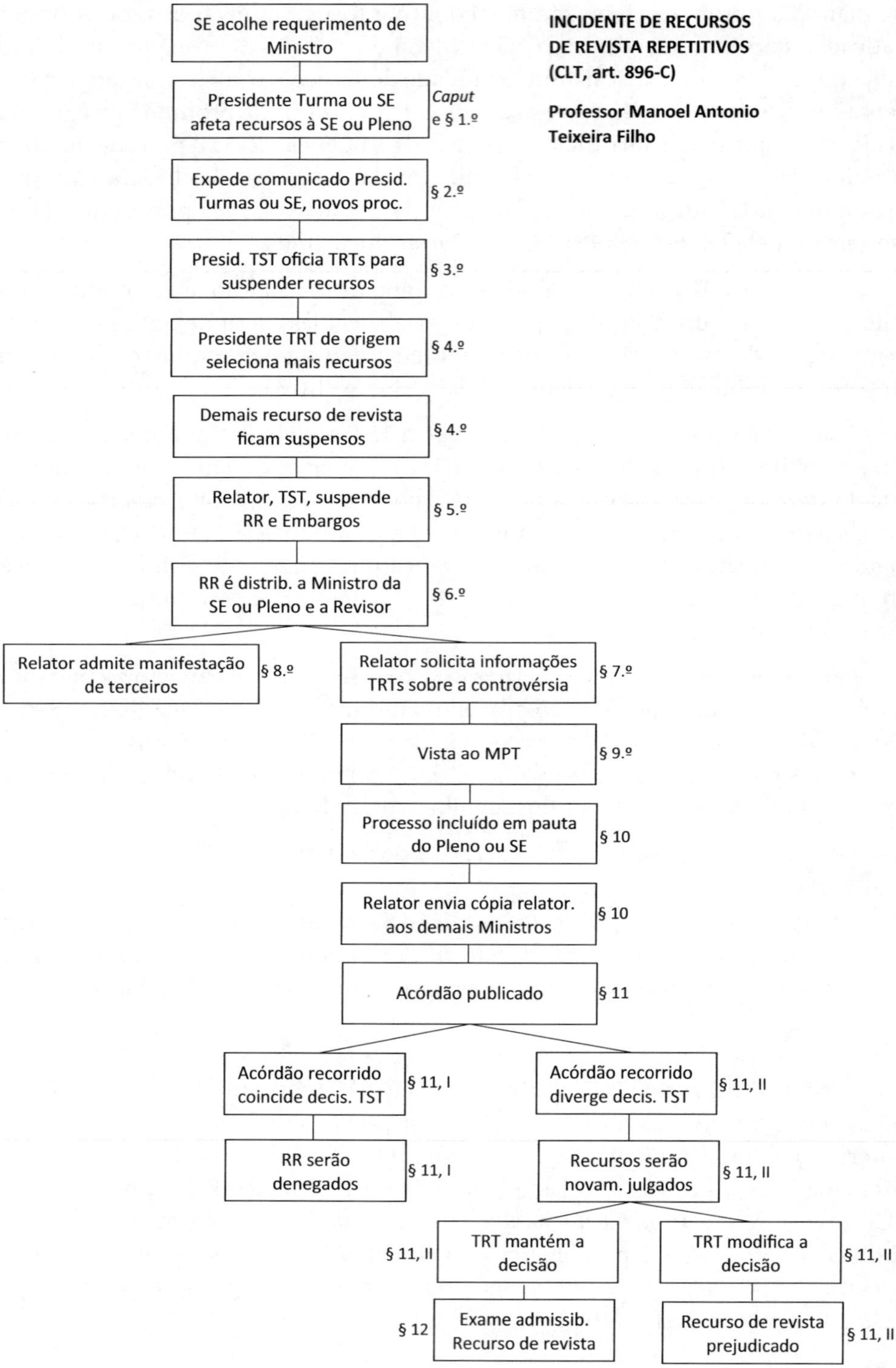

Art. 3.º Esta Lei entra em vigor após decorridos 60 (sessenta) dias de sua publicação oficial.

COMENTÁRIO

A *vacatio legis* estabelecida é necessária para que todas as pessoas e órgãos jurisdicionais possam adaptar-se à nova realidade normativa.

A expressão legal: "*após decorridos*" contém pleonasmo vicioso. Bastaria que se dissesse *após* ou *decorridos*. A preposição ou o adjetivo. Uma ou outro. Esse pleonasmo foi induzido pela Lei Complementar n.º 95, de 26 de fevereiro de 1988, que dele fez solene uso (art. 8.º, § 2.º).

A contagem dos sessenta dias da *vacatio* deve ser efetuada na forma da citada Lei Complementar n.º 95/1988:

> *"Art. 8.º ....*
>
> *§ 1.º A contagem do prazo para entrada em vigor das leis que estabeleçam período de vacância far-se-á com a inclusão da data da publicação e do último dia do prazo, entrando em vigor no dia subsequente à sua consumação integral."*

Publicada em 22 de julho de 2014, a Lei n.º 13.015 passou a viger em 20 de setembro do mesmo ano.

Antes dessa vigência, enfrentamos uma questão de Direito intertemporal, nestes termos:

"Poderá acontecer de, no curso do processo, advir lei que torne irrecorríveis sentenças antes recorríveis, ou vice-versa; que institua novos pressupostos para a admissibilidade dos recursos, ou suprima os existentes; que discipline, enfim, de maneira diversa da vigente o sistema recursal.

Verificada a hipótese, qual das leis regerá a matéria relativa aos recursos pendentes: a antiga ou a nova?

Diante desse problema de direito intertemporal, três soluções poderiam ser, juridicamente, propostas:

a) *a que se fundamenta na unidade do processo* e segundo a qual embora o procedimento seja composto de fases distintas deve prevalecer a *unidade processual*, de sorte que o recurso deveria ser regido pela lei velha, pois a incidência da nova importaria em ruptura dessa unidade, quanto mais não seja porque não se poderia fazer com que a lei posterior retroagisse para alcançar os atos já praticados;

b) *a que se calca na autonomia das fases do procedimento*. Esse sistema parte da premissa da especificidade e autonomia de cada fase procedimental (postulatória, instrutória, decisória, recursal, executória); deste modo, a lei atingiria a fase do procedimento que estivesse em curso, respeitando as que se encontrassem encerradas. Isso significa que cada fase poderia ser disciplinada por normas diversas, sem prejuízo da harmonia entre elas e justamente por força da autonomia de cada uma;

c) *a que se lastreia no isolamento dos atos processuais*, isto é, que entende ser a lei nova inaplicável aos atos processuais já realizados, bem como aos efeitos destes, conquanto venha a incidir nos atos futuros. Essa solução difere da anterior porque não circunscreve a eficácia da lei às denominadas fases do procedimento.

A doutrina propendeu, com acerto, para o último sistema de solução indicado.

Realmente, em matéria de direito intertemporal o postulado básico, nuclear, é de que o recurso será regido pela lei que estiver em vigor na data do proferimento da decisão, respeitados os atos anteriores e os efeitos que tenham produzido.

O próprio CPC estabelece, em seu art. 1.211, segunda parte, que 'Ao entrar em vigor, suas disposições (do referido Código) aplicar-se-ão desde logo aos processos pendentes'; e o art. 915 da CLT que 'Não serão prejudicados os recursos interpostos com apoio em dispositivos alterados ou cujo prazo para interposição esteja em curso à data da vigência desta Consolidação'.

Como decorrência da adoção desses princípios, pelo nosso sistema normativo, e feita a ressalva de que a lei regente da interposição do recurso é a vigente na data da *publicação* da sentença, temos que:

1) se a lei superveniente conceder recurso, que era antes vedado, a decisão manter-se-á irrecorrível, ainda que a lei nova tenha entrado em vigor dentro do prazo para a interposição do recurso, por ela fixado;

2) se a lei nova suprimir recurso existente, subsistirá a recorribilidade daquelas decisões que, segundo a lei revogada, poderiam ser objeto da interposição do remédio por ela previsto, e agora supresso, observado o prazo fixado para a interponibilidade;

3) se o recurso for interposto na vigência da lei revogada, mas não estiver ainda julgado, deverá sê-lo segundo essa lei e não de acordo com a nova; sendo assim, se o recurso anteriormente cabível era o de agravo de petição, e agora passou a ser o de apelação, deverá ser interposto, processado e julgado como agravo de petição.

Esclareça-se, contudo, que o *procedimento* a ser obedecido, inclusive para o julgamento, será o estabelecido pela *nova lei*, que neste caso se aplica – ato contínuo à sua vigência – aos processos pendentes (CPC, art. 1.211, *caput*, segunda parte).

Esse princípio também atua em matéria de competência; isto significa que se a lei nova atribuir a órgão diverso a competência para julgar o recurso já interposto (mas ainda não apreciado), o julgamento competirá ao órgão previsto na lei posterior.

Em sentido algo oposto ao que até aqui foi comentado, podemos asseverar que se a lei nova tornar irrecorrível a sentença *ainda não proferida* e *publicada*, não se há que argumentar com o fato de, ao tempo em que a ação foi exercida, a lei vigente prever a possibilidade da interposição do recurso; com a vigência da nova lei, a sentença tornou-se inevitavelmente irrecorrível, pois ainda não havia sido publicada. O exemplo foi trazido para tornar enfático o princípio de que *o recurso se rege pela lei em vigor na data da publicação da sentença*".

Justamente por isso, o Ato n.º 491/2014, da Presidência do TST, estabeleceu, em seu art. 1.º:

> "*A Lei n.º 13.015, de 21 de julho de 2014, aplica-se aos recursos interpostos das decisões publicadas a partir da data da sua vigência.*"

Posteriormente, quando da republicação do mencionado Ato, inseriu-se o parágrafo único no art. 1.º, dispondo que:

> "*As normas procedimentais da Lei n.º 13.015/2014 e as que não afetarem o direito processual adquirido de qualquer das partes aplicam-se aos recursos interpostos anteriormente à data de sua vigência, em especial as que regem o sistema de julgamento de recursos de revista repetitivos, o efeito interruptivo dos embargos de declaração e a afetação do recurso de embargos ao Tribunal Pleno do TST, dada a relevância da matéria (art. 7.º).*"

DESISTÊNCIA DO RECURSO PARADIGMA

A regra que informa o sistema dos recursos civis e trabalhistas é de que a parte pode desistir, a qualquer tempo, do recurso por ela interposto, independentemente da concordância do adversário ou dos litisconsortes (CPC, art. 501). A *desistência*, considerada em si mesma, ou seja, como manifestação volitiva, traduz negócio jurídico processual unilateral, não receptício, cuja eficácia não se subordina à anuência da parte adversa ou de terceiros. Desse modo, a parte que desejar desistir do recurso não necessita *requerer* a desistência: basta *manifestá-la* ao juízo competente. E o seu ato terá eficácia imediata. Está no art. 158, *caput*, do CPC: "*Os atos das partes, consistentes em declarações* ***unilaterais*** *ou bilaterais de vontade,* ***produzem imediatamente*** *a constituição, a modificação ou* ***a extinção*** *de direitos processuais*" (destacamos). Pensar-se que o recorrente, no caso, deveria *requerer* a desistência do recurso seria supor que o juiz poderia *indeferir* esse requerimento, negando vigência, por esse modo, ao art. 501 do CPC.

Não há razão para pensar-se de outra forma em matéria de recursos repetitivos nem objetar-se com eventual interesse público aflorado ou subjacente a esse incidente. A preeminência é do art. 501 do estatuto processual civil. Destarte, ainda que o seu recurso tenha sido selecionado como paradigma (*leading case*), para efeito de adoção do procedimento dos recursos repetitivos, a parte que o interpôs poderá dele desistir a qualquer tempo, mesmo sem a anuência do adversário. As consequências processuais dessa desistência variarão caso a caso. Uma delas é que deverá ser escolhido outro recurso paradigma, se apenas um havia sido indicado.

Se, ao contrário, o recurso, do qual a parte desistiu, era apenas um dos vários selecionados como representativos da controvérsia, não haverá, em princípio, necessidade de indicar outro para substituí-lo. Os que restarem serão, por suposto, suficientes para propiciar ao órgão julgador uma visão ampla da questão jurídica sobre a qual se lavra a controvérsia.

Não nos parece que o fato de cuidar-se do procedimento dos recursos repetitivos possa impedir a parte de exercer o seu direito potestativo de desistir do recurso que havia sido selecionado como *leading case*.

A REGULAMENTAÇÃO EFETUADA

Na edição anterior deste livro escrevemos:

> "O § 9.º do art. 543-C, do CPC, determinou que o Superior Tribunal de Justiça e os Tribunais de segundo grau de jurisdição regulamentassem, no âmbito das suas disposições, os procedimentos concernentes ao processamento e julgamento dos recursos especiais nos casos previstos no aludido artigo.
>
> O STJ, como dissemos, adotou a Resolução n.º 8, de 7 de agosto de 2008, mediante a qual deu cumprimento à determinação do § 9.º do art. 543-C, do estatuto processual civil.
>
> Estamos serenamente convencidos de que o Tribunal Superior do Trabalho deve, por sua vez, regulamentar – o quanto antes, aliás – a Lei n.º 13.015/2014, que apresenta alguns pontos obscuros ou lacunosos, designadamente, em relação aos denominados *recursos repetitivos*. Exemplificando:
>
> 1) O que se deve entender por multiplicidade, para efeito de instaurar o incidente de recursos repetitivos a que alude o art. 896-B, da CLT?
>
> 2) O art. 896-C, *caput*, da CLT, estabelece que o incidente de recursos repetitivos poderá ser instaurado quando: 2.1. houver multiplicidade de recursos fundados na mesma questão de direito e existir divergência interpretativa a respeito dessa *quaestio iuris* ou 2.2. for relevante a matéria. Isso significa que, no caso de *relevância da matéria*, não há necessidade de haver multiplicidade de recursos, bastando um só?
>
> 3) O § 11 do art. 896-C indica o que ocorrerá com os recursos sobrestados na origem; entretanto, não esclarece quem julgará os demais recursos de revista fundados em idêntica questão de direito. O art. 5.º da Resolução n.º 8/2008, do STJ, estabelece que se os referidos recursos: a) já haviam sido distribuídos, serão julgados pelo Relator, nos termos do art. 557 do CPC; b) se ainda não haviam sido distribuídos, o julgamento incumbirá à Presidência daquela Corte;
>
> 4) Como deverá o TST proceder quando os recursos repetitivos possuírem diversas matérias de direito, mas somente em relação a uma delas houver

divergência de entendimento? Mesmo assim, os processos serão suspensos, prejudicando a sua tramitação no que diz respeito às matérias sobre as quais não há controvérsia?;

5) Se a parte não concordar com o fato de o seu recurso haver sido selecionado como paradigma, para efeito de adoção do procedimento previsto no art. 896-C, da CLT (por entender, digamos, que a questão de direito versada no seu recurso não é idêntica à dos demais recursos), poderá valer-se de alguma medida judicial para que o seu recurso não seja selecionado como paradigma? Essa medida constará do Regimento Interno dos Tribunais?;

6) O que ocorrerá se, por inadvertência, o Presidente do TRT, ao contrário do que estabelece o § 3.º do art. 896-C, da CLT, não suspender os recursos e permitir que seja julgados pelo mesmo Tribunal antes de o TST fixar a tese jurídica a ser observada?;

7) O relator deverá fixar prazo para que o TRT lhe encaminhe informações a respeito da questão jurídica controvertida, a que se refere o § 7.º do art. 896-C, da CLT? E se as informações não forem remetidas, quais as consequências?;

8) Qual o procedimento a ser observado pelas pessoas, órgãos ou entidades interessadas em habilitar-se nos autos dos recursos repetitivos na qualidade de *amicus curiae* ou de assistente simples, para os efeitos do § 8.º do art. 896-C?

9) O julgamento referencial, a que alude o § 10, do art. 896-C, da CLT, deve ser observado mesmo em relação aos recursos nos quais figure como parte pessoa com idade superior a sessenta e cinco anos ou portadora de doença grave?;

10) Verificada a situação prevista no § 11, II, do mesmo artigo, a parte poderá recorrer da decisão que não selecionar, como paradigma, o seu recurso de revista, por entender que este contém matéria (questão jurídica) idêntica à do recurso repetitivo?

11) Suspensos os processos contendo a mesma questão jurídica versada no recurso selecionado como paradigma, a quem caberá apreciar o pedido de concessão de medidas de urgência, como liminares cautelares e antecipação dos efeitos da tutela? Ao Tribunal Regional ou ao TST?".

No tocante a esta última indagação, antecipamos, ato contínuo, o nosso entendimento de que caberia ao Tribunal Regional, pois a suspensão dos processos não retira a competência dessa Corte para apreciar postulações que se refiram a esses processos. Está previsto no art. 265, § 5.º, do CPC que durante a suspensão do processo o juiz poderá determinar a realização de atos urgentes com a finalidade de evitar dano irreparável à parte. O juiz, no caso do incidente de recursos repetitivos, deve ser entendido como o Presidente do Tribunal Regional que ordenou a suspensão dos processos, caso não tenham sido ainda sorteados os respectivos relatores. Se nesses processos já houve sorteio de relatores, a competência para apreciar o pedido de concessão de medidas urgentes será destes.

Parte das indagações que formulamos acima foi respondida pelo Ato n.º 491/2014, pelo qual a Presidência do TST regulamentou a Lei n.º 13.015/2014. Outra parte foi por nós mesmos respondida ao longo deste opúsculo.

No final do livro está publicado o Ato n.º 491/2014, em sua integralidade.

Brasília, 21 de julho de 2014; 193.º da Independência e 126.º da República.

DILMA ROUSSEFF

José Eduardo Cardozo

Manoel Dias

Luís Inácio Lucena Adams

Este texto não substitui o publicado no DOU de 22.7.2014

Lei n.º 13.015/2014

PRESIDÊNCIA DA REPÚBLICA
CASA CIVIL
SUBCHEFIA PARA ASSUNTOS JURÍDICOS

LEI N.º 13.015, DE 21 DE JULHO DE 2014

Altera a Consolidação das Leis do Trabalho (CLT), aprovada pelo Decreto-Lei n.º 5.452, de 1.º de maio de 1943, para dispor sobre o processamento de recursos no âmbito da Justiça do Trabalho.

A PRESIDENTA DA REPÚBLICA Faço saber que o Congresso Nacional decreta e eu sanciono a seguinte Lei:

Art. 1.º Os arts. 894, 896, 897-A e 899 da Consolidação das Leis do Trabalho (CLT), aprovada pelo Decreto-Lei n.º 5.452, de 1.º de maio de 1943, passam a vigorar com as seguintes alterações:

"Art. 894. ....

....

II - das decisões das Turmas que divergirem entre si ou das decisões proferidas pela Seção de Dissídios Individuais, ou contrárias a súmula ou orientação jurisprudencial do Tribunal Superior do Trabalho ou súmula vinculante do Supremo Tribunal Federal.

Parágrafo único. (Revogado).

§ 2.º A divergência apta a ensejar os embargos deve ser atual, não se considerando tal a ultrapassada por súmula do Tribunal Superior do Trabalho ou do Supremo Tribunal Federal, ou superada por iterativa e notória jurisprudência do Tribunal Superior do Trabalho.

§ 3.º O Ministro Relator denegará seguimento aos embargos:

I - se a decisão recorrida estiver em consonância com súmula da jurisprudência do Tribunal Superior do Trabalho ou do Supremo Tribunal Federal, ou com iterativa, notória e atual jurisprudência do Tribunal Superior do Trabalho, cumprindo-lhe indicá-la;

II - nas hipóteses de intempestividade, deserção, irregularidade de representação ou de ausência de qualquer outro pressuposto extrínseco de admissibilidade.

§ 4.º Da decisão denegatória dos embargos caberá agravo, no prazo de 8 (oito) dias." (NR)

"Art. 896. ....

a) derem ao mesmo dispositivo de lei federal interpretação diversa da que lhe houver dado outro Tribunal Regional do Trabalho, no seu Pleno ou Turma, ou a Seção de Dissídios Individuais do Tribunal Superior do Trabalho, ou contrariarem súmula de jurisprudência uniforme dessa Corte ou súmula vinculante do Supremo Tribunal Federal;

....

§ 1.º O recurso de revista, dotado de efeito apenas devolutivo, será interposto perante o Presidente do Tribunal Regional do Trabalho, que, por decisão fundamentada, poderá recebê-lo ou denegá-lo.

§ 1.º-A. Sob pena de não conhecimento, é ônus da parte:

I - indicar o trecho da decisão recorrida que consubstancia o prequestionamento da controvérsia objeto do recurso de revista;

II - indicar, de forma explícita e fundamentada, contrariedade a dispositivo de lei, súmula ou orientação jurisprudencial do Tribunal Superior do Trabalho que conflite com a decisão regional;

III - expor as razões do pedido de reforma, impugnando todos os fundamentos jurídicos da decisão recorrida, inclusive mediante demonstração analítica de cada dispositivo de lei, da Constituição Federal, de súmula ou orientação jurisprudencial cuja contrariedade aponte.

....

§ 3.º Os Tribunais Regionais do Trabalho procederão, obrigatoriamente, à uniformização de sua jurisprudência e aplicarão, nas causas da competência da Justiça do Trabalho, no que couber, o incidente de uniformização de jurisprudência previsto nos termos do Capítulo I do Título IX do Livro I da Lei n.º 5.869, de 11 de janeiro de 1973 (Código de Processo Civil).

§ 4.º Ao constatar, de ofício ou mediante provocação de qualquer das partes ou do Ministério Público do Trabalho, a existência de decisões atuais e conflitantes no âmbito do mesmo Tribunal Regional do Trabalho sobre o tema objeto de recurso de revista, o Tribunal Superior do Trabalho determinará o retorno dos autos à Corte de origem, a fim de que proceda à uniformização da jurisprudência.

§ 5.º A providência a que se refere o § 4.º deverá ser determinada pelo Presidente do Tribunal Regional do Trabalho, ao emitir juízo de admissibilidade sobre o recurso de revista, ou pelo Ministro Relator, mediante decisões irrecorríveis.

§ 6.º Após o julgamento do incidente a que se refere o § 3.º, unicamente a súmula regional ou a tese jurídica prevalecente no Tribunal Regional do Trabalho e não conflitante com súmula ou orientação jurisprudencial do Tribunal Superior do Trabalho servirá como paradigma para viabilizar o conhecimento do recurso de revista, por divergência.

§ 7.º A divergência apta a ensejar o recurso de revista deve ser atual, não se considerando como tal a ultrapassada por súmula do Tribunal Superior do Trabalho ou do Supremo Tribunal Federal, ou superada por iterativa e notória jurisprudência do Tribunal Superior do Trabalho.

§ 8.º Quando o recurso fundar-se em dissenso de julgados, incumbe ao recorrente o ônus de produzir prova da divergência jurisprudencial, mediante certidão, cópia ou citação do repositório de jurisprudência, oficial ou credenciado, inclusive em mídia eletrônica, em que houver sido publicada a decisão divergente, ou ainda pela reprodução de julgado disponível na internet, com indicação da respectiva fonte, mencionando, em qualquer caso, as circunstâncias que identifiquem ou assemelhem os casos confrontados.

§ 9.º Nas causas sujeitas ao procedimento sumaríssimo, somente será admitido recurso de revista por contrariedade a súmula de jurisprudência uniforme do Tribunal Superior do Trabalho ou a súmula vinculante do Supremo Tribunal Federal e por violação direta da Constituição Federal.

§ 10. Cabe recurso de revista por violação a lei federal, por divergência jurisprudencial e por ofensa à Constituição Federal nas execuções fiscais e nas controvérsias da fase de execução que envolvam a Certidão Negativa de Débitos Trabalhistas (CNDT), criada pela Lei n.º 12.440, de 7 de julho de 2011.

§ 11. Quando o recurso tempestivo contiver defeito formal que não se repute grave, o Tribunal Superior do Trabalho poderá desconsiderar o vício ou mandar saná-lo, julgando o mérito.

§ 12. Da decisão denegatória caberá agravo, no prazo de 8 (oito) dias.

§ 13. Dada a relevância da matéria, por iniciativa de um dos membros da Seção Especializada em Dissídios Individuais do Tribunal Superior do Trabalho, aprovada pela maioria dos integrantes da Seção, o julgamento a que se refere o § 3.º poderá ser afeto ao Tribunal Pleno." (NR)

"Art. 897-A. ....

§ 1.º Os erros materiais poderão ser corrigidos de ofício ou a requerimento de qualquer das partes.

§ 2.º Eventual efeito modificativo dos embargos de declaração somente poderá ocorrer em virtude da correção de vício na decisão embargada e desde que ouvida a parte contrária, no prazo de 5 (cinco) dias.

§ 3.º Os embargos de declaração interrompem o prazo para interposição de outros recursos, por qualquer das partes, salvo quando intempestivos, irregular a representação da parte ou ausente a sua assinatura." (NR)

"Art. 899. ....

....

§ 8.º Quando o agravo de instrumento tem a finalidade de destrancar recurso de revista que se insurge contra decisão que contraria a jurisprudência uniforme do Tribunal Superior do Trabalho, consubstanciada nas suas súmulas ou em orientação jurisprudencial, não haverá obrigatoriedade de se efetuar o depósito referido no § 7.º deste artigo." (NR)

Art. 2.º A Consolidação das Leis do Trabalho (CLT), aprovada pelo Decreto-Lei n.º 5.452, de 1.º de maio de 1943, passa a vigorar acrescida dos seguintes arts. 896-B e 896-C:

"Art. 896-B. Aplicam-se ao recurso de revista, no que couber, as normas da Lei n.º 5.869, de 11 de janeiro de 1973 (Código de Processo Civil), relativas ao julgamento dos recursos extraordinário e especial repetitivos."

"Art. 896-C. Quando houver multiplicidade de recursos de revista fundados em idêntica questão de direito, a questão poderá ser afetada à Seção Especializada em Dissídios Individuais ou ao Tribunal Pleno, por decisão da maioria simples de seus membros, mediante requerimento de um dos Ministros que compõem a Seção Especializada, considerando a relevância da matéria ou a existência de entendimentos divergentes entre os Ministros dessa Seção ou das Turmas do Tribunal.

§ 1.º O Presidente da Turma ou da Seção Especializada, por indicação dos relatores, afetará um ou mais recursos representativos da controvérsia para julgamento pela Seção Especializada em Dissídios Individuais ou pelo Tribunal Pleno, sob o rito dos recursos repetitivos.

§ 2.º O Presidente da Turma ou da Seção Especializada que afetar processo para julgamento sob o rito dos recursos repetitivos deverá expedir comunicação aos demais Presidentes de Turma ou de Seção Especializada, que poderão afetar outros processos sobre a questão para julgamento conjunto, a fim de conferir ao órgão julgador visão global da questão.

§ 3.º O Presidente do Tribunal Superior do Trabalho oficiará os Presidentes dos Tribunais Regionais do Trabalho para que suspendam os recursos interpostos em casos idênticos aos afetados como recursos repetitivos, até o pronunciamento definitivo do Tribunal Superior do Trabalho.

§ 4.º Caberá ao Presidente do Tribunal de origem admitir um ou mais recursos representativos da controvérsia, os quais serão encaminhados ao Tribunal Superior do Trabalho, ficando suspensos os demais recursos de revista até o pronunciamento definitivo do Tribunal Superior do Trabalho.

§ 5.º O relator no Tribunal Superior do Trabalho poderá determinar a suspensão dos recursos de revista ou de embargos que tenham como objeto controvérsia idêntica à do recurso afetado como repetitivo.

§ 6.º O recurso repetitivo será distribuído a um dos Ministros membros da Seção Especializada ou do Tribunal Pleno e a um Ministro revisor.

§ 7.º O relator poderá solicitar, aos Tribunais Regionais do Trabalho, informações a respeito da controvérsia, a serem prestadas no prazo de 15 (quinze) dias.

§ 8.º O relator poderá admitir manifestação de pessoa, órgão ou entidade com interesse na controvérsia, inclusive como assistente simples, na forma da Lei n.º 5.869, de 11 de janeiro de 1973 (Código de Processo Civil).

§ 9.º Recebidas as informações e, se for o caso, após cumprido o disposto no § 7.º deste artigo, terá vista o Ministério Público pelo prazo de 15 (quinze) dias.

§ 10. Transcorrido o prazo para o Ministério Público e remetida cópia do relatório aos demais Ministros, o processo será incluído em pauta na Seção Especializada ou no Tribunal Pleno, devendo ser julgado com preferência sobre os demais feitos.

§ 11. Publicado o acórdão do Tribunal Superior do Trabalho, os recursos de revista sobrestados na origem:

I - terão seguimento denegado na hipótese de o acórdão recorrido coincidir com a orientação a respeito da matéria no Tribunal Superior do Trabalho; ou

II - serão novamente examinados pelo Tribunal de origem na hipótese de o acórdão recorrido divergir da orientação do Tribunal Superior do Trabalho a respeito da matéria.

§ 12. Na hipótese prevista no inciso II do § 11 deste artigo, mantida a decisão divergente pelo Tribunal de origem, far-se-á o exame de admissibilidade do recurso de revista.

§ 13. Caso a questão afetada e julgada sob o rito dos recursos repetitivos também contenha questão constitucional, a decisão proferida pelo Tribunal Pleno não obstará o conhecimento de eventuais recursos extraordinários sobre a questão constitucional.

§ 14. Aos recursos extraordinários interpostos perante o Tribunal Superior do Trabalho será aplicado o procedimento previsto no art. 543-B da Lei n.º 5.869, de 11 de janeiro de 1973 (Código de Processo Civil), cabendo ao Presidente do Tribunal Superior do Trabalho selecionar um ou mais recursos representativos da controvérsia e encaminhá-los ao Supremo Tribunal Federal, sobrestando os demais até o pronunciamento definitivo da Corte, na forma do § 1.º do art. 543-B da Lei n.º 5.869, de 11 de janeiro de 1973 (Código de Processo Civil).

§ 15. O Presidente do Tribunal Superior do Trabalho poderá oficiar os Tribunais Regionais do Trabalho e os Presidentes das Turmas e da Seção Especializada do Tribunal para que suspendam os processos idênticos aos selecionados como recursos representativos da controvérsia e encaminhados ao Supremo Tribunal Federal, até o seu pronunciamento definitivo.

§ 16. A decisão firmada em recurso repetitivo não será aplicada aos casos em que se demonstrar que a situação de fato ou de direito é distinta das presentes no processo julgado sob o rito dos recursos repetitivos.

§ 17. Caberá revisão da decisão firmada em julgamento de recursos repetitivos quando se alterar a situação econômica, social ou jurídica, caso em que será respeitada a segurança jurídica das relações firmadas sob a égide da decisão anterior, podendo o Tribunal Superior do Trabalho modular os efeitos da decisão que a tenha alterado."

Art. 3.º Esta Lei entra em vigor após decorridos 60 (sessenta) dias de sua publicação oficial.

Brasília, 21 de julho de 2014; 193.º da Independência e 126.º da República.

DILMA ROUSSEFF

José Eduardo Cardozo

Manoel Dias

Luís Inácio Lucena Adams

Este texto não substitui o publicado no DOU de 22.7.2014.

Ato n.º 491/SEGJUD.GP

ATO TRIBUNAL SUPERIOR DO TRABALHO - TST N.º 491 DE 23.09.2014

DOU: 24.09.2014

Dispõe que a Lei 13.015, de 21 de julho de 2014 aplica-se aos recursos interpostos das decisões publicadas a partir da data de sua vigência.

O PRESIDENTE DO TRIBUNAL SUPERIOR DO TRABALHO, no uso das atribuições legais e regimentais, *ad referendum* do Órgão Especial,

Considerando a edição da Lei n.º 13.015, de 21 de julho de 2014, que instituiu novos requisitos para a admissibilidade de recursos no âmbito da Justiça do Trabalho e introduz a sistemática do recurso repetitivo;

Considerando a necessidade de fixação de parâmetros procedimentais mínimos para dar efetividade à referida lei,

RESOLVE

Art. 1.º A Lei n.º 13.015, de 21 de julho de 2014, aplica-se aos recursos interpostos das decisões publicadas a partir da data de sua vigência.

Parágrafo único. As normas procedimentais da Lei n.º 13.015/2014 e as que não afetarem o direito processual adquirido de qualquer das partes aplicam-se aos recursos interpostos anteriormente à data de sua vigência, em especial as que regem o sistema de julgamento de recursos de revista repetitivos, o efeito interruptivo dos embargos de declaração e a afetação do recurso de embargos ao Tribunal Pleno do TST, dada a relevância da matéria (art. 7.º).

Art. 2.º Sem prejuízo da competência do Ministro Relator do recurso de embargos prevista no § 3.º do artigo 894 da CLT, o Presidente de Turma, na forma do Regimento Interno do Tribunal Superior do Trabalho, denegar-lhe-á seguimento nas hipóteses ali previstas e quando a divergência apresentada não se revelar atual, nos termos do § 2.º do mesmo dispositivo legal.

Art. 3.º Para efeito de aplicação dos §§ 4.º e 5.º do artigo 896 da CLT, persistindo decisão conflitante com a jurisprudência já uniformizada do Tribunal Regional do Trabalho de origem, deverão os autos retornar à instância a quo para sua adequação à súmula regional ou à tese jurídica prevalecente no Tribunal Regional do Trabalho, desde que não conflitante com súmula ou orientação jurisprudencial do Tribunal Superior do Trabalho.

Art. 4.º A comprovação da existência da súmula regional ou da tese jurídica prevalecente no Tribunal Regional do Trabalho e não conflitante com súmula ou orientação jurisprudencial do Tribunal Superior do Trabalho servirá para os efeitos do artigo 896, a, da CLT, desde que regularmente demonstrada sua fonte de publicação.

Art. 5.º No caso de decisão regional em consonância com súmula ou orientação jurisprudencial do Tribunal Superior do Trabalho, o Relator denegará seguimento ao recurso.

Art. 6.º Os Tribunais Regionais do Trabalho deverão manter e dar publicidade a suas súmulas e teses jurídicas prevalecentes mediante banco de dados, organizando-as por questão jurídica decidida e divulgando-as, preferencialmente, na rede mundial de computadores.

Art. 7.º Para os efeitos do § 13 do artigo 896 da CLT, a afetação de julgamento ao Tribunal Pleno, em face da relevância da matéria, somente poderá ocorrer em processos em tramitação na Subseção de Dissídios Individuais do Tribunal Superior do Trabalho.

Parágrafo único. A afetação a que se refere o caput deste artigo não pressupõe, necessariamente, a existência de diversos processos em que a questão relevante seja debatida.

Art. 8.º Nas hipóteses dos artigos 896-B e 896-C da CLT, somente poderão ser afetados recursos representativos da controvérsia que sejam admissíveis e que contenham abrangente argumentação e discussão a respeito da questão a ser decidida.

Art. 9.º Quando a Turma do Tribunal Superior do Trabalho entender necessária a adoção do procedimento de julgamento de recursos de revista repetitivos, seu Presidente deverá submeter ao Presidente da Subseção de Dissídios Individuais I a proposta de afetação do recurso de revista, para os efeitos do caput do artigo 896-C da CLT.

Parágrafo único. O Presidente da Subseção submeterá a proposta ao colegiado no prazo máximo de 30 dias de seu recebimento, após o que:

I - acolhida a proposta, por maioria simples, o colegiado também decidirá se a questão será analisada pela própria SBDI-1 ou pelo Tribunal Pleno;

II - na hipótese do inciso I, o processo será distribuído a um Relator e a um Revisor do órgão jurisdicional correspondente, para sua tramitação nos termos do artigo 896-C da CLT;

III - rejeitada a proposta, os autos serão devolvidos à Turma respectiva, para que o julgamento do recurso de revista prossiga regularmente.

Art. 10. Compete ao Presidente do respectivo Tribunal Regional do Trabalho determinar a suspensão de que trata o § 3.º do artigo 896-C da CLT dos recursos interpostos contra as sentenças em casos idênticos aos afetados como recursos repetitivos.

Art. 11. Selecionados os recursos, o Relator, na Subseção Especializada em Dissídios Individuais ou no Tribunal Pleno, constatada a presença do pressuposto do caput do art. 896-C da CLT, proferirá decisão de afetação, na qual:

I - identificará com precisão a questão a ser submetida a julgamento;

II - poderá determinar a suspensão dos recursos de revista ou de embargos de que trata o § 5.º do artigo 896-C da CLT;

III - requisitará aos Presidentes ou Vice-Presidentes dos Tribunais Regionais do Trabalho a remessa de até dois recursos de revista representativos da controvérsia;

IV - poderá conceder vista ao Ministério Público e às partes, nos termos e para os efeitos do § 9.º do artigo 896-C da CLT.

Art. 12. Se, após receber os recursos de revista selecionados pelo Presidente ou Vice-Presidente do Tribunal Regional do Trabalho, não se proceder à sua afetação, o relator, no Tribunal Superior do Trabalho, comunicará o fato ao Presidente ou Vice-Presidente que os houver enviado, para que seja revogada a decisão de suspensão referida no artigo 896-C, § 4.º, da CLT.

Art. 13. É vedado ao órgão colegiado decidir, para os fins do artigo 896-C da CLT, questão não delimitada na decisão de afetação.

Art. 14. Os recursos afetados deverão ser julgados no prazo de um ano e terão preferência sobre os demais feitos.

§ 1.º Não se dando o julgamento no prazo de um ano, cessam automaticamente a afetação e a suspensão dos processos.

§ 2.º Ocorrendo a hipótese do parágrafo anterior, é permitido a outro Relator, nos termos do artigo 896-C da CLT, afetar dois ou mais recursos representativos da controvérsia.

Art. 15. Quando os recursos requisitados do Tribunal Regional do Trabalho contiverem outras questões além daquela que é objeto da afetação, caberá ao órgão jurisdicional competente decidir esta em primeiro lugar e depois as demais, em acórdão específico para cada processo.

Art. 16. Para instruir o procedimento, pode o Relator fixar data para, em audiência pública, ouvir depoimentos de pessoas com experiência e conhecimento na matéria.

Art. 17. O conteúdo do acórdão paradigma abrangerá a análise de todos os fundamentos suscitados à tese jurídica discutida, favoráveis ou contrários.

Art. 18. As partes deverão ser intimadas da decisão de suspensão de seu processo, a ser proferida pelo respectivo Relator.

Art. 19. A parte poderá requerer o prosseguimento de seu processo se demonstrar distinção entre a questão a ser decidida no processo e aquela a ser julgada no recurso afetado.

§ 1.º A outra parte deverá ser ouvida sobre o requerimento, no prazo de cinco dias.

§ 2.º Da decisão caberá agravo, nos termos do Regimento Interno dos respectivos Tribunais.

Art. 20. Decidido o recurso representativo da controvérsia, os órgãos jurisdicionais respectivos declararão prejudicados os demais recursos versando sobre idêntica controvérsia ou os decidirão aplicando a tese.

Art. 21. Publicado o acórdão paradigma:

I - o Presidente ou Vice-Presidente do Tribunal de origem negará seguimento aos recursos de revista sobrestados na origem, se o acórdão recorrido coincidir com a orientação do Tribunal Superior do Trabalho;

II - o órgão que proferiu o acórdão recorrido, na origem, reexaminará a causa de competência originária ou o recurso anteriormente julgado, na hipótese de o acórdão recorrido contrariar a orientação do Tribunal Superior;

III - os processos suspensos em primeiro e segundo graus de jurisdição retomarão o curso para julgamento e aplicação da tese firmada pelo Tribunal Superior.

§ 1.º Para fundamentar a decisão de manutenção do entendimento, o órgão que proferiu o acórdão recorrido demonstrará fundamentadamente a existência de distinção, por se tratar de caso particularizado por hipótese fática distinta ou questão jurídica não examinada, a impor solução jurídica diversa.

§ 2.º Mantido o acórdão divergente pelo Tribunal de origem, o recurso de revista será remetido ao Tribunal Superior do Trabalho, após novo exame de sua admissibilidade pelo Presidente ou Vice-Presidente do Tribunal Regional.

§ 3.º Realizado o juízo de retratação, com alteração do acórdão divergente, o Tribunal de origem, se for o caso, decidirá as demais questões ainda não decididas, cujo enfrentamento se tornou necessário em decorrência da alteração.

§ 4.º Quando for alterado o acórdão divergente na forma do parágrafo anterior e o recurso versar sobre outras questões, caberá ao Presidente do Tribunal Regional, depois do reexame pelo órgão de origem e independentemente de ratificação do recurso ou juízo de admissibilidade, determinar a remessa do recurso ao Tribunal Superior do Trabalho para julgamento das demais questões.

Art. 22. O Tribunal Superior do Trabalho deverá manter e dar publicidade às questões de direito objeto dos recursos repetitivos já julgados, pendentes de julgamento ou já reputadas sem relevância, bem como daquelas objeto das decisões proferidas nos termos do § 13 do artigo 896 da CLT.

Art. 23. A dispensa de depósito recursal a que se refere o § 8.º do artigo 899 da CLT não será aplicável aos casos em que o agravo de instrumento se refira a uma parcela de condenação, pelo menos, que não seja objeto de arguição de contrariedade a súmula ou a orientação jurisprudencial do Tribunal Superior do Trabalho.

Parágrafo único. Quando a arguição a que se refere o caput deste artigo revelar-se manifestamente infundada, temerária ou artificiosa, o agravo de instrumento será considerado deserto.

Publique-se.

Ministro ANTONIO JOSÉ DE BARROS LEVENHAGEN

Presidente do Tribunal Superior do Trabalho

(*) A referência ao art. *896*, da CLT, é equivocada, pois deveria ter sido ao art. *896-C*. O art. 896 trata, nos §§ 3.º e 5.º, do incidente de *uniformização de jurisprudência*; o art. 896-C, nos §§ 3.º e 5.º, cuida do incidente de *recursos repetitivos* – que é o caso. Mero erro material.

Produção Gráfica e Editoração Eletrônica: LINOTEC
Projeto de Capa: FABIO GIGLIO
Impressão: FORMA CERTA